Global Sourcing
und Qualitätsmanagement

Wilfried Krokowski / Ernst Sander

Global Sourcing und Qualitätsmanagement

Strategien in der internationalen Beschaffung

Band 17
Praxisreihe Einkauf/Materialwirtschaft

Herausgegeben von
Prof. Dr. Horst Hartmann

Deutscher Betriebswirte-Verlag, Gernsbach

Bibliografische Information der Deutschen Bibliothek

Die Deutsche Bibliothek verzeichnet diese Publikation in der Deutschen Nationalbibliografie; detaillierte bibliografische Angaben sind im Internet über http://dnb.ddb.de abrufbar.

Druck: AZ Druck und Datentechnik, Kempten
ISBN 978-3-88640-137-6

Vorwort

Unternehmen sehen sich mehr denn je einem wachsenden Wettbewerbsdruck gegenüber und sind gefordert, Wertschöpfungsnetze international auszurichten und kontinuierlich zu verbessern. Mit der Optimierung des Lieferantenportfolios erleben die Emerging Countries in Europa und Asien einen Bedeutungszuwachs. Während Produktionsmanager neue Werke in China planen und Logistiker neue Standorte in bestehende Netze integrieren, sind Einkäufer heutzutage bemüht, Lieferanten zur Unterstützung der Produktion in Emerging Countries aufzubauen.

Welche Strategien sollten verfolgt werden? Welche Prozesse müssen intern geändert werden? Welche Beschaffungsmärkte kommen für das Unternehmen in Betracht? Welches Qualitätsmanagement muss mit Lieferanten in Emerging Markets betrieben werden, um letztendlich erfolgreich und mit minimalen Risiken das internationale Geschäft der Beschaffung vorantreiben zu können? Zielgerichtete und zugleich innovative Lösungen sind gefordert, um den Spagat zwischen Kostenoptimierung, Qualitätssicherung und Verfügbarkeit zu schaffen.

Das vorliegende Buch, das als Band 17 der Schriftenreihe Einkauf/ Materialwirtschaft erscheint, enthält eine Fülle praxisgerechter und umsetzbarer Tipps und Tools für eine Erfolg versprechende Vorgehensweise. Die Lektüre ist ein Muss für jeden Einkäufer und Logistiker, der sich seiner unternehmerischen Verantwortung bewusst ist.

Die Autoren besitzen jeder für sich mehr als zwei Jahrzehnte Erfahrung mit den Beschaffungsmärkten in Asien und anderen Regionen der Welt. Profitieren Sie von den in diesem Buch zusammengetragenen Erfahrungsberichten. Abgerundet werden die Themen durch anschauliche Checklisten zur Selbstbestimmung.

Ein Buch von Praktikern für Praktiker, aber auch für Studierende mit dem Schwerpunkt Einkauf/Logistik. Denn Wissen ist die Währung der Zukunft!

Der Herausgeber
Horst Hartmann

Im Januar 2009

Inhaltsverzeichnis

Verzeichnis der Abbildungen:

1.0 Einführung

Die Sicherung des Produktionsstandortes Deutschland ist ein Thema, mit dem sich gegenwärtig jeder auseinandersetzt. Der internationale Wettbewerb nimmt permanent zu und der Kunde orientiert sich in seinem Kaufverhalten in erster Linie an dem Preis. Die politischen Rahmenbedingungen in Deutschland verstärken die Tendenz der Produktionsverlagerung ins Ausland. Von den politisch Verantwortlichen fehlen mittel- bis langfristige Strategien und Konzepte, die den Unternehmen ermöglichen, die Arbeitsplatzsicherung im Heimatland auszubauen und zu fördern. Immer mehr Unternehmen nehmen daher den Gedanken Global Sourcing in ihre strategische Planung auf. In Zukunft können nur Unternehmen bestehen, die neben der richtigen Produkt- und Verkaufsstrategie eine globale Beschaffungsstrategie vorweisen können. Für den Beschaffungsbereich gilt es, sämtliche Vorteile einer weltweiten Beschaffung rechtzeitig zu erkennen und nutzbringend für das Unternehmen anzuwenden.

CHANCEN

- ✓ Erschließung neuer Beschaffungsmärkte
- ✓ Kostenvorteile
- ✓ Erhalt der Wettbewerbsfähigkeit
- ✓ Vertriebsunterstützung
- ✓ Reduzierung der Wechselkursrisiken

RISIKEN

- ✓ Kostenrisiko
- ✓ Qualitätsprobleme
- ✓ Flexibilitätsverlust
- ✓ Logistikprobleme
- ✓ Kommunikationsprobleme

Abbildung 1: Chancen und Risiken im Global Sourcing

Großunternehmen und internationale Konzerne können bei einer weltweiten Beschaffung auf entsprechende Werkzeuge und Hilfsmittel zurückgreifen, sei es das eigene Einkaufsbüro im Ausland, die eigene Rechts- und Importabteilung oder entsprechend ausgebildete und erfahrene Mitarbeiter. Klein- und mittelständische Unternehmen haben es hier erfahrungsgemäß wesentlich schwerer. Einige Internet-Recherchen im Vorfeld, dann einige E-Mails hin und her, vielleicht noch ein Besuch des ausgewählten Lieferanten in Asien und schon kann die erste Bestellung (nicht selten mit klein gedruckten deutschen Einkaufsbedingungen versehen) erfolgen und der Lieferant ist im Stammsatz des Bestellsystems aufgenommen. Die erste Lieferung ist erfolgreich, warum soll das nicht so weitergehen. Dies ist die Vorstellung von nicht wenigen Einkaufsabteilungen und Geschäftsführungen in Europa zum Thema Global Sourcing.

Durch Global Sourcing allein kurzfristig die Materialkosten zu senken, wird in 99 von 100 Fällen scheitern. Global Sourcing ist eine strategische Unternehmensaufgabe, und die erfolgreiche Umsetzung hängt von kompetenten Erfahrungsträgern (intern und extern) ab. Ferner benötigt Global Sourcing entsprechende Kapazitäten, neue Netzwerke und Prozessabläufe, und nicht zuletzt bedeutet Global Sourcing am Anfang auch Investment. Auch im Global Sourcing gilt der alte Grundsatz:

**Ich kann nur dann erfolgreich ernten,
wenn ich vorher rechtzeitig gesät und richtig gedüngt habe.**

Aus diesem Grunde ist es wichtig, dieses Thema gut vorbereitet und strukturiert anzugehen sowie die Chancen und Risiken rechtzeitig zu erkennen und geeignete Maßnahmen einzuleiten. Eine Einkaufsreise nach Asien oder in die Türkei zum Beispiel ist einfach und schnell durchgeführt. Doch wie finde ich das richtige Beschaffungsland, was sind die geeigneten Produkte, wie finde ich den optimalen Lieferanten für meine Firma, und vor allem wie betreue ich den Lieferanten (wenn er dann gefunden ist), der einige tausend Kilometer weit entfernt seine Produktion hat. Welchen Einfluss hat Global Sourcing auf mein gesamtes Unternehmen, von der Qualitätskontrolle über die Logistik bis hin zum Lieferantenmanagement und zum Cash Flow? Diesen Fragen haben sich das Unternehmen und der verantwortliche Mitarbeiter im Bereich Global Sourcing zu stellen und natürlich die richtigen Antworten zu finden. Sind die Antworten gefunden und intern abgestimmt, geht es an die Umsetzung und danach an die kontinuierliche und beharrliche Durchführung der festgelegten Aktionen. Die falsche Analyse oder Umsetzung kann ein Unternehmen viel Geld kosten. Es ist interessant zu sehen, wie am Beispiel von gescheiterten Unternehmen vielfach festzustellen ist, dass die Hausaufgaben nicht rechtzeitig und gründlich gemacht worden sind und das Investment bei der Umsetzung einfach unterschätzt wurde.

Der Bereich Logistik der Technischen Universität Berlin hat gemeinsam mit der National University of Singapore und im Auftrag der BVL (Bundesvereinigung Logistik e.V.) eine Untersuchung (International Procurement in Emerging Markets - Discovering the drivers of sourcing success, Bremen, 2007) über Herausforderungen und Handlungsfelder in der Beschaffung aus Emerging Markets durchgeführt. Zu den Top-Problemen zählen Schwierigkeiten mit der Fertigungsqualität, mit der Logistik sowie der Umgang mit kulturellen Barrieren.

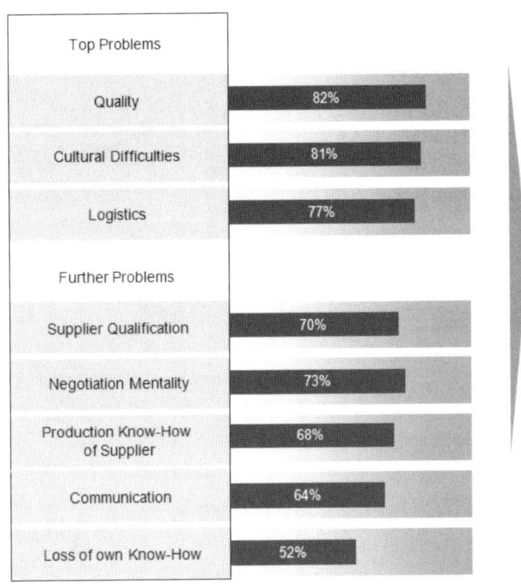

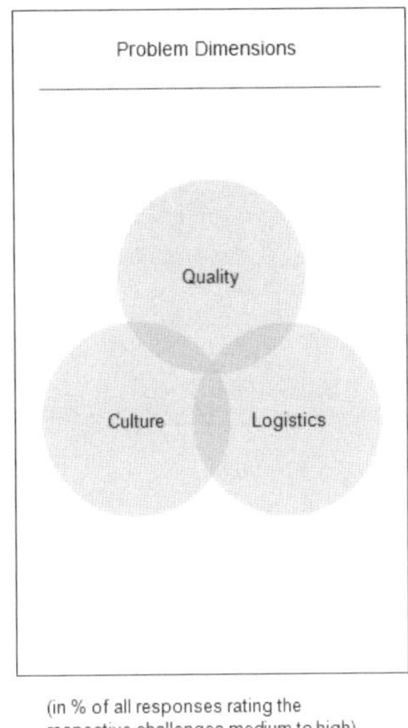

(in % of all responses rating the respective challenges medium to high)

Abbildung 2: Schwierigkeiten in Emerging Markets

Quelle: Straube, F.; Krokowski, W.; Beckmann, T.; Goh, M.: International Procurement in Emerging Markets - Discovering the drivers of sourcing success, Bremen 2007

Unternehmen, die erfolgreich in diesem schwierigsten Segment des Einkaufs operieren wollen, müssen entsprechende Taktiken entwickeln, um die drei Hauptbarrieren:

- Qualität
- Logistik
- Kultur

erfolgreich angehen zu können. Wie diese Taktiken aussehen, ist natürlich vom Unternehmen, den Produkten, den Mitarbeitern, den internen Prozessen und vom Umfeld (Makroökonomische Ebene) abhängig. Mit der Weiterentwicklung und globalen Ausrichtung von neuen Beschaffungsstrategien wird sich im Unternehmen das gesamte logistische Umfeld ändern. Der gesamte Materialfluss, inner- und außerbetrieblich, muss überdacht werden. JIT-Anliefermethoden und Sicherheitsläger sind zu überprüfen. Neue Qualitätskonzepte müssen entwickelt werden, die gemeinsam zwischen Lieferant und der eigenen Qualitätssicherung zu erarbeiten und zu vereinbaren sind. Kostenkontrollinstrumente verlangen eine stärkere Einbindung der betrieblichen Finanz- oder Controlling-Abteilung. Total-Cost-Ansätze sind unerlässlich in einer objektiven Beurteilung der Wirtschaftlichkeit einer Kaufentscheidung. Nur so kann mittel- und langfristig sichergestellt werden, dass der Einkauf und die Logistik einen aktiven und entscheidenden Anteil am

Unternehmenserfolg leisten und der Produktionsbetrieb internationalem Konkurrenzdruck standhält.

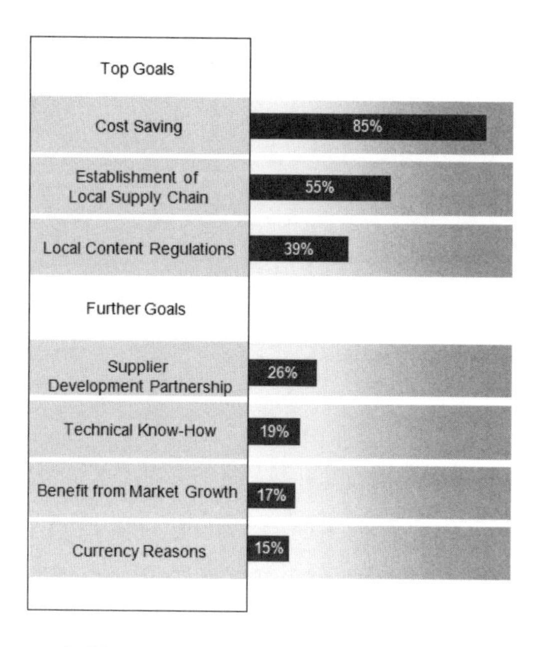

Abbildung 3: Ziele in der Beschaffung/Motivation for Emerging Market

Quelle: Straube, F.; Krokowski, W.; Beckmann, T., Goh, M., a.a.O., s.S.13

Die Studie der TU Berlin Bereich Logistik belegt ferner, dass die Gründe für das Global Sourcing vielschichtig sind. Obwohl heute noch rund 85 % der Unternehmen die Reduzierung von Material- und Beschaffungskosten als Hauptargument für den internationalen Einkauf angeben, ändert sich dieses Bild sehr rasch. Die Einführung von lokalen (in diesem Falle internationalen) Supply-Chain-Strukturen folgt bereits mit 55 % und die Erfüllung von lokalen Content Regulations stellen 39 % der Gründe einer globalen Beschaffungsstrategie dar. Der Einkauf wird nicht nur internationaler, er ist bereits international.

Natürlich spielen hierbei die Global Player wie Siemens, Continental, ABB, Gildemeister, Volkswagen, Hella und viele andere international agierende Großunternehmen eine Vorreiterrolle, der Mittelstand folgt jedoch auch hier mit großen Schritten. Abhängig von der Industriebranche liegt zum Beispiel der Durchschnitt des Einkaufsvolumens von Produktionsmaterial, für einen möglichen Bezug aus Asien, bei rund 20 %. In einigen Industriebereichen liegt dieser Anteil auch bei 40–60 % oder gar in der Consumer- und Computerindustrie weit über 80 %. Eine erfolgreiche Umsetzung kann nur gesamtheitlich erfolgen. Die Implementation einer Global-Sourcing-Strategie und eines entsprechenden Global-Sourcing-Prozesses erfordert vom Unternehmen eine nicht unerhebliche Investition an Zeit, Ressourcen und Geld. Die Umsetzung dieses Prozesses läuft in der Regel in mehren Stufen ab. Die interne Analyse und die Abstimmung im eigenem Unternehmen sind der Kernpunkt im Global-Sourcing-Prozess. Hier trennt sich die Spreu vom Weizen. Erfolg werden nur die Unternehmen erzielen, die diese Stufen einvernehmlich mit allen Abteilungen und der Geschäftsführung erklimmen. Die externe Analyse beschreibt den Prozess der Lieferantensuche und der Lieferantenbetreuung.

Ferner ist eine Grundvoraussetzung für eine effektive und erfolgreiche international ausgerichtete Einkaufsorganisation die Aufteilung der Einkaufsfelder in operative/administrative und in strategische Aufgaben. Ein Einkauf, der täglich fast ausschließlich als Feuerwehr hinsichtlich Termine, Mengenabweichungen und Produktionsplanänderungen agiert, wird nicht die Zeit haben, strategische Konzepte wie Make or Buy, Global Sourcing, Lieferantenmanagement, Marktforschung, Target Costing etc. in Zusammenarbeit mit den Nachbarabteilungen Vertrieb, Entwicklung, Produktion und Qualität erfolgreich erarbeiten und umsetzen zu können. Der strategische Einkäufer muss weitest vom Tagesgeschäft befreit sein, darf sich jedoch auch nicht zu weit von den täglichen Problemen entfernen. Die Kommunikation zwischen den operativen und strategischen Bereichen muss gewährleistet sein. In den nachfolgenden Kapiteln wird besonders auf das Thema Risikio- und Qualitätsmanagement eingegangen. Im Rahmen des Total-Quality-Aspekts werden in diesem Buch auch Grundlagen beschrieben, die jeder strategische Einkäufer beherrschen sollte. Nur so ist sicherzustellen, dass Lieferanten in diesen neuen Beschaffungsmärkten auf Dauer Qualität und Zuverlässigkeit bieten. Diese Maßnahmen sind nicht zum Nulltarif zu bekommen, eine faire Total-Cost-of-Ownership-Betrachtung muss den Beweis erbringen, dass diese Aktivitäten sich auch letztendlich tragen und dem Unternehmen den entsprechenden Gewinn bringen.

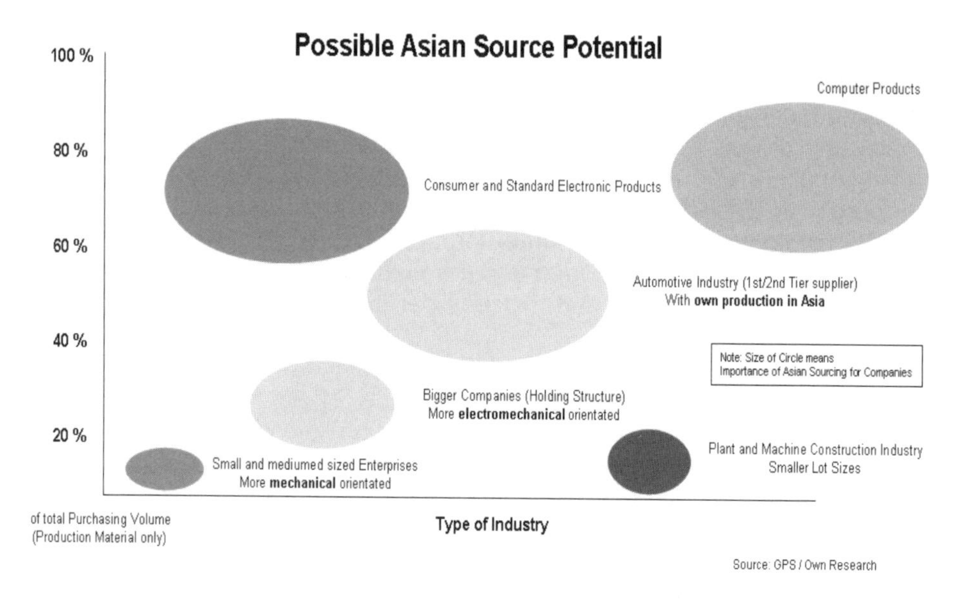

Abbildung 4: Mögliches Sourcing Potenzial in Asien in Abhängigkeit der Industriebranchen

Zusammenfassend kann gesagt werden, dass Global Sourcing eine Veränderung der gesamten Unternehmensabläufe bewirkt und somit keine Einzelaktion des Einkaufs, sondern wesentlicher Teil einer weltoffenen und gesamtheitlichen Unternehmensstrategie ist. Erfolgreiches Global Sourcing kann nur betrieben werden, wenn man die Chancen und Risiken erkennt sowie transparente und gesamtheitliche Entscheidungsabläufe schafft. Bei aller sorgfältigen Abwägung wird ein Restrisiko übrig bleiben. Der Grundsatz „ohne Risiko kein Geschäft" gilt besonders im Bereich Global Sourcing.

Eine alte chinesische Weisheit sagt:

Besser als die Unwissenden sind die, die Bücher lesen;
besser als diese sind die, die das Gelesene behalten;
noch besser sind die, die es begreifen,
am besten sind die, die an die Arbeit gehen.

2.0 Grundlagen des Global Sourcing

Die Transferierung von Fähigkeiten und Einflüssen von West nach Ost nimmt an Tempo zu und verursacht dramatische Veränderungen, welche in diesem Zusammenhang nicht nur internationale, sondern auch nationale Herausforderungen hervorrufen. Viele Unternehmen und Politiker haben die Stärke des asiatischen Wachstums bereits erkannt, haben aber diese Erkenntnis noch nicht umsetzen können. Hier liegt die Gefahr, dass die westlichen Länder den gleichen Fehler begehen wie bereits in der Vergangenheit. Das Transferieren von Fähigkeiten und Einflüssen zwischen den Staaten ereignet sich in einem nicht festgelegten Rhythmus und ist ausschließlich auf friedlicher Natur aufgebaut. Der daraus entstehende Konflikt verursacht aber in vielen Teilen der Welt verheerende wirtschaftliche Auswirkungen. Die Transformierung der jetzigen internationalen Systeme wird immer stärker und setzt eine Anpassung der marktunterschiedlichen politischen und kulturellen Traditionen voraus.

Dies ist ein großes Problem, nicht nur für Deutschland, das sich auf vergangenen Lorbeeren ausruhen und einen Platz an der Sonne erhalten möchte. Zusammenfassend kann gesagt werden, dass die Fähigkeiten und Möglichkeiten der asiatischen, aber auch der neuen EU-Länder eine Herausforderung hervorrufen, worauf eine schnelle Reaktion und Anpassung der westlichen Länder erfolgen müsste. Diese Transformierung schreitet weltweit rapide voran, wobei die Globalisierung des Einkaufs teilweise durch Outsourcing und Offshoring bereits überrollt wird. Viele westliche Länder inklusive Deutschland sind auf diese Herausforderungen nicht vorbereitet und verharren auf alten eingeführten Traditionen und dem unüberwindlich festgelegten und nur schwer aufhebbaren und hemmenden Vorschriften-, Regularien- und Paragraphenwald in technischen als auch in arbeitsrechtlichen Bereichen.

Das heutige China als auch Indien wachsen sehr schnell mit Zuwachsraten um 8–10 % jährlich. Dies hat zur Folge, dass die westlichen Staaten über Jahre oder sogar Dekaden von diesen Ländern überflügelt werden. Außerdem setzen die Tigerstaaten quasi im Windschatten von China zum Wirtschaftssprung nach oben an. Die deutsche Wirtschaft würde dann im Jahre 2010 von China, bei gleich anhaltendem Wirtschaftswachstum, überholt werden.

Als gutes Beispiel kann die xDSL(Digital Subscriber Line)-Technologie herangezogen werden, wo China in der Produktion der Geräte dominant geworden ist und Jahreszuwächse von über 100 % zu verzeichnen hat. Bei Forecast-Betrachtungen bis 2010 sind mittlere Jahreszuwächse von ca. 50 % zu rechnen. Durch diese Dominanzgewinnung als auch bei gleichzeitig hohen Produktionsstückzahlen wird der Weltmarkt von den kostengünstigen Geräten sehr stark beeinflusst. Das Core-Bauteil wird zwar von drei amerikanischen Herstellern produziert, wobei aber die Produktentwicklung und -fertigung, bedingt durch die geringen Kosten, bei fünf sehr erfolgreichen Firmen in China durchgezogen wird.

Wie hieraus zu ersehen ist, wird der Transfer von Hightech-Fertigungen in die asiatische Arena sehr schnell vollzogen und forciert außerdem noch mehr und mehr den Transfer von Entwicklungskapazitäten in diese Länder. Die unten aufgeführte Graphik zeigt die Wertschöpfungskette von der Basisforschung bis zur Prototypen- und Massenfertigung.

Deutschland muss darauf achten, dass die Wertschöpfungskette in den High-Tech-Bereichen nicht abreißt und die Bereiche wie Produktdefinition, Produktentwicklung, Prototypen und Fertigung die Kandidaten für Outsourcing oder Offshoring sind, nicht an diese Länder verliert. Dies wäre fatal, da das Know-how auch in diese Länder transferiert werden würde und somit für unsere Wertschöpfungskette für immer verloren wäre.

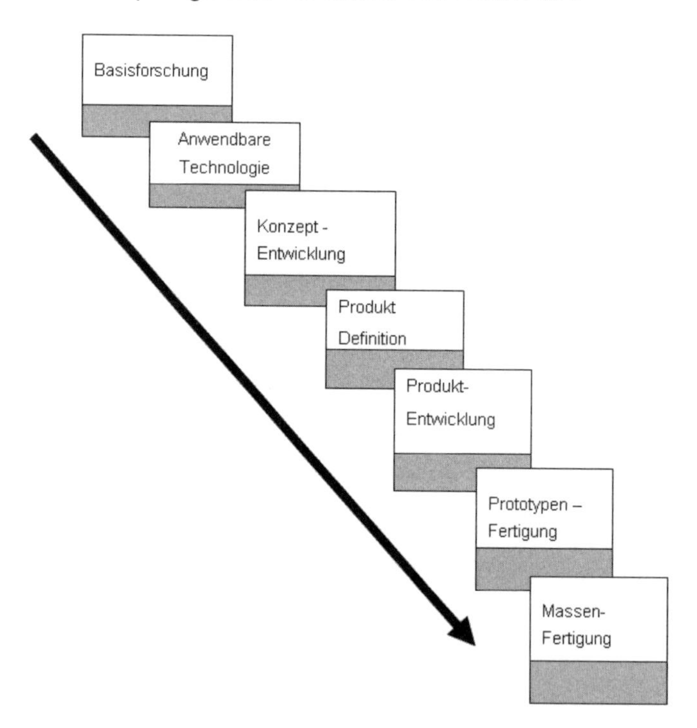

Abbildung 5: Wertschöpfungskette - Basisforschung zur Massenfertigung

Unsere östlichen Staaten sind zwar wirtschaftlich interessant hinsichtlich Personalkosten und neuer langfristiger Märkte, haben jedoch nicht das

Wachstum wie die asiatischen Länder. Die Gesamtkosten inklusive akzeptierbarer Qualität ergeben derzeit noch nicht den optimalen Transfer in diese Länder. Das Springen von einem Land zu einem neuen unterentwickelten, aber kostengünstigeren Land sollte wohl überdacht werden, da die Transferkosten sowie die Qualitätsadaptierung erhebliches Kapital binden und außerdem die Flexibilität erheblich darunter leidet.

Dies wird aber teilweise durch EU-Subventionen ausgeglichen, die aber Deutschland an die EU als Nettozahler beisteuert, was Unverständnis bei der Bevölkerung hervorruft. Um die notwendigen Änderungen und Anpassung in Deutschland durchzuführen, müssen alle an einem Strang ziehen, und zwar sehr zügig, um den bereits laufenden Zug nicht zu verpassen. Dies gilt sowohl für die Regierung als auch für Unternehmer, Universitäten, Gewerkschaften und andere Organisationen, die zu einem Erfolg der deutschen Wirtschaft beitragen können. Die jeweiligen Kulturen müssen von uns verstanden und akzeptiert werden, was auch voraussetzt, deren Sprache zu erlernen und sich in Verhandlungen bestimmten Ritualen anzupassen. Dies kann aber nur durch langjährige Erfahrung gesammelt und an Jüngere weitergegeben werden. Dies ist aber derzeit ein Handicap in Deutschland, da die erfahrenen Mitarbeiter und Manager von der Industrie teilweise wegrationalisiert wurden, um Personal- und Lohnkosten zu sparen.

Andere Länder, wie die USA, haben darauf bereits reagiert und sind sehr erfolgreich, wobei neben Manpower auch andere Parameter wie politische und strategische Aspekte einen sehr großen Einfluss haben. Ein treffendes Beispiel zur Green-Card-Story kann man heranziehen, was von unserer vorherigen Regierung als beispielhaft deklariert wurde. In einer Software-Firma wurden zwei Hongkong-Chinesen mit der Green Card angeworben, um das bestehende Team mit zwei Spezialisten zu ergänzen. Die Neuzugänge erhielten ein Gehalt, was im Vergleich zu den anderen Teammitgliedern als attraktiv anzusehen war. Die Auskunft der beiden chinesischen Mitarbeiter war aber, dass ihr Bruttogehalt nun höher ist als das in Hongkong, aber das Nettogehalt erheblich niedriger.

Die Folgerung ist:

Die deutschen Lohnnebenkosten sind für ausländische Spitzenleute zu hoch, d.h., Deutschland wird in Bezug auf das Nettogehalt nicht als attraktiv angesehen und so auch bewertet und eingestuft. Die Verfügbarkeit von gut ausgebildeten Arbeitskräften ist einer der Hauptfaktoren in einer zu entwickelnden und daraus resultierenden wachsenden Wirtschaft. Wenn wir nun die Vergleiche mit China, Indien und USA hinsichtlich einer jährlichen Bachelor-Ausbildung heranziehen, werden wir erkennen, dass uns diese Länder mittel- und langfristig in den Schatten stellen. Derzeit bilden China 200.000, Indien 80.000 und die USA 60.000 Bachelor aus, und wo steht

Deutschland in diesem Vergleich? Durch diesen Aspekt wird neben Outsourcing der Produktion auch an Outsourcing von Entwicklungsaktivitäten zielstrebig gearbeitet, um auch diese Kosten zu reduzieren. Dies wird unterstützt durch einen kostenreduzierten High-Speed-Datentransfer von 11.000 Gbps für alle geschäftsnotwendigen technischen und kommerziellen Abwicklungen als auch durch die gut ausgebildeten Arbeitskräfte. Man sollte aber wirklich alle relevanten Punkte zu einer Outsourcing- und Offshoring-Strategie heranziehen und von Fall zu Fall eine Entscheidung auf Fakten und Möglichkeiten und nicht auf Annahmen treffen.

Das gesamte Wirtschaftswachstum in Europa und USA wird natürlich durch die schnell wachsende Marktwirtschaft in China und deren Probleme wie die Migration von ländlichen zu städtischen Bereichen, steigende Arbeitslosenzahlen, wachsende Bankschulden, Inflation, Verknappung der Hauptenergien Öl/Wasser/Strom und Rohstoffe wie Stahl, beeinflusst. Wenn diese Punkte sich in China weiter zuspitzen, könnte eine Überhitzung eintreten, die zu einem Crash führen könnte. Der Einfluss auf Europa, speziell Deutschland, wäre fatal. Die Folge daraus ist, dass Asiens aufsteigender wirtschaftlicher Einfluss mehr und mehr in den internationalen Institutionen berücksichtigt werden sollte. Die derzeitige Brookings-Institution-Studie (www.brookings.edu) zeigt die fundamentale Asymmetrie zwischen den heutigen globalen Realitäten und den vorhandenen Mechanismen der globalen Regierungen der G-7/8. Dieser exklusive Club repräsentiert hauptsächlich westlich orientierte Kulturen, und dies ist ein Problem und zeigt die Schwäche im globalen Ansatz.

Dieses Buch sollte den Lesern die Erfahrungen eines Entwicklungs-, Global-Sourcing- und Qualitäts-Managers nahebringen, der über 25 Jahre asiatische Firmen nach erarbeiteten Kriterien auswählte und mit Verträgen alle technischen und kommerziellen Punkte absicherte und außerdem strategische Allianzen zur Kostenkonsolidierung und Markterweiterung initiierte. Weiterhin zeigt dieses Buch Konzepte und Prozeduren zur Auswahl und Bewertung sowie Qualifizierung von Lieferanten oder zukünftigen Partnern und deren Produkte bis zur Freigabe für die weltweiten Märkte.

Jedes Thema wird von der praxisorientierten Seite mit Fallbeispielen untermauert und unterstützt den Anfänger als auch den erfahrenen Praktiker im Betrieb als auch beim strategischen Partner und global angesiedelten Lieferanten. Dieses Buch versucht, einen Brückenschlag zwischen Core-Kompetenz bzw. Umbrella-Strategie eines Unternehmens und den notwendigen Global-Sourcing-/Outsourcing-Aktivitäten herauszukristallisieren.

Der Mittelstand hat den Bedarf an Führungskräften mit technischer Ausbildung und in der Praxis erworbenen Fachkenntnissen in den Bereichen Engineering, Qualität, Produktion, Global Sourcing, wobei aber hier erweiterte

Kenntnisse in technischer Hinsicht als auch im Vertragswesen und Verhandlungstechniken gefordert werden. Somit ist dieses Buch für jeden Techniker/Ingenieur oder Betriebswirtschaftler, der in einem Unternehmen zielstrebig aufsteigen und strategische globale Strukturen umsetzen will, von großen Nutzen.

Fazit:

In der deutschen Industrie müssen wir uns jeden Tag die Frage der Wettbewerbsfähigkeit stellen. Wenn dies nicht mehr gegeben ist, muss sofort reagiert und müssen die notwendigen Maßnahmen durch geschultes und praxisorientiertes Management eingeleitet und ohne Verzögerungen umgesetzt werden.

2.1 Sourcing-Strategien

Die richtige Wahl der entsprechenden Sourcing-Strategie ist Teil eines aktiv gestalteten Risikomanagements. Die richtige Strategie für das entsprechende Produktportfolio ist unabdingbare Voraussetzung für eine erfolgreiche, global ausgerichtete Beschaffungsstrategie. Im Beschaffungsmarketing unterscheidet man zwischen den verschiedenen Sourcing-Strategien, diese lassen sich klassifizieren in regionen-, lieferanten-, teile- und prozessbezogene Strategien. In der Praxis wird der richtige Mix zwischen den verschiedenen Sourcing-Strategien für den Erfolg des Unternehmens ausschlaggebend sein.

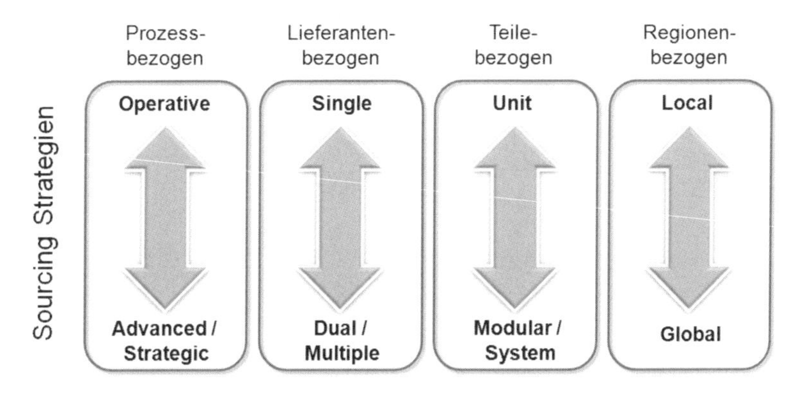

Abbildung 6: Sourcing-Strategien

REGIONEN bezogen	BESCHREIBUNG
Local Sourcing	Bezugsquellen in räumlicher Nähe zum Abnehmer
Domestic Sourcing	Beschaffungsquellen innerhalb Deutschlands (teilweise auch Europa im Rahmen des europäischen Binnenmarktes)
Global Sourcing	**Beschaffungsquellen weltweit**
LIEFERANTEN bezogen	
Single Sourcing	Eine Bezugsquelle (nur ein Lieferant für ein Beschaffungsobjekt)
Dual Sourcing	Zwei Bezugsquellen (Lieferanten- / Bezugsrisiko wird auf zwei Lieferanten aufgeteilt
Multiple Sourcing	Mehrere Bezugsquellen (überwiegend bei Standard- und Spotmarketteilen)
TEILE bezogen	
Unit Sourcing	Bezug von Einzelkomponenten
Modular Sourcing	Bezug von kompletten Baugruppen oder Systemen
PROZESS bezogen	
Advanced Sourcing	Die Einbeziehung von gesamten Prozessabläufen in die Beschaffungsstrategie (Stichwort: Fabrik-in-der-Fabrik)

Abbildung 7: Auflistung der Sourcing-Strategien

In einer weiteren Studie der TU Berlin (Krokowski, W.; Baumgarten, H.: Trends and Strategies in International Procurement, Berlin 2003) wurden namhafte deutsche Unternehmen befragt, wie sich ihre Beschaffungsstrategie in den nächsten Jahren ändern wird. Das Ergebnis zeigt einen eindeutigen Trend hin zum Komponenten-, Modul- und Systemlieferanten. Der einfache Teilelieferant wird zunehmend an Bedeutung verlieren.

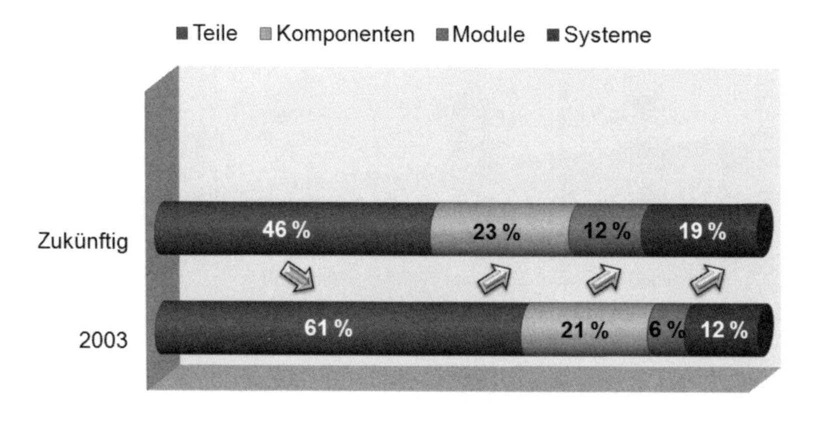

Abbildung 8: Veränderungen im Sourcing-Verhalten

Quelle: Studie TU Berlin 2003, W. Krokowski/H. Baumgarten

In diesem Zusammenhang sind auch die Global-Sourcing-Aktivitäten zu betrachten. Nach wie vor besteht ein hoher Bedarf an neuen wettbewerbsfähigen Teilelieferanten, jedoch nehmen die Anforderungen an einen neu ausgesuchten Lieferanten zu. Neben Kooperationsbereitschaft, Service und Wirtschaftlichkeit wird eine langfristige und vertrauensvolle Lieferanten-Kunden-Beziehung angestrebt. Auf dieser Basis kann sich aus einem klassischen Teilelieferanten ein Komponenten- oder später auch Modul- bzw. Systemlieferant entwickeln. Diese Entwicklung ist auch unter dem Aspekt Global Sourcing zu betrachten, dem auch im weltweiten Umfeld, hier besonders der asiatische Markt, spezielle Aufmerksamkeit gewidmet werden muss.

2.2 Prozess Global Sourcing

Global Sourcing ist mehr als eine Aneinanderreihung von einzelnen Aktionen, Global Sourcing ist ein Unternehmensprozess und muss als solcher verstanden und umgesetzt werden. Eine erfolgreiche Umsetzung kann nur gesamtheitlich erfolgen. Die Implementation einer Global-Sourcing-Strategie und eines entsprechenden Global-Sourcing-Prozesses erfordert vom Unternehmen eine nicht unerhebliche Investition an Zeit, Ressourcen und Geld. Die Umsetzung dieses Prozesses läuft in der Regel in folgenden Stufen ab:

Stufe 1: **INFORMATIONSSAMMLUNG**
Anfragen, Beschaffungsmärkte, Länderinformationen, Lieferantenbasis, Werkzeuge

Stufe 2: **INFORMATIONSSAMMLUNG**
Alle beteiligten Stellen im Unternehmen einschließlich der Geschäftsführung

Stufe 3: **UNTERNEHMENSVORGABEN**
Vorgaben/Objectives an alle Unternehmensbereiche durch die Geschäftsführung

Stufe 4: **UMSETZUNG und KONTROLLE**
Durch alle Unternehmensbereiche

Die interne Analyse und die Abstimmung im eigenem Unternehmen sind der Kernpunkt im Global-Sourcing-Prozess. Die externe Analyse beschreibt den Prozess der Lieferantensuche und der Lieferantenbetreuung.

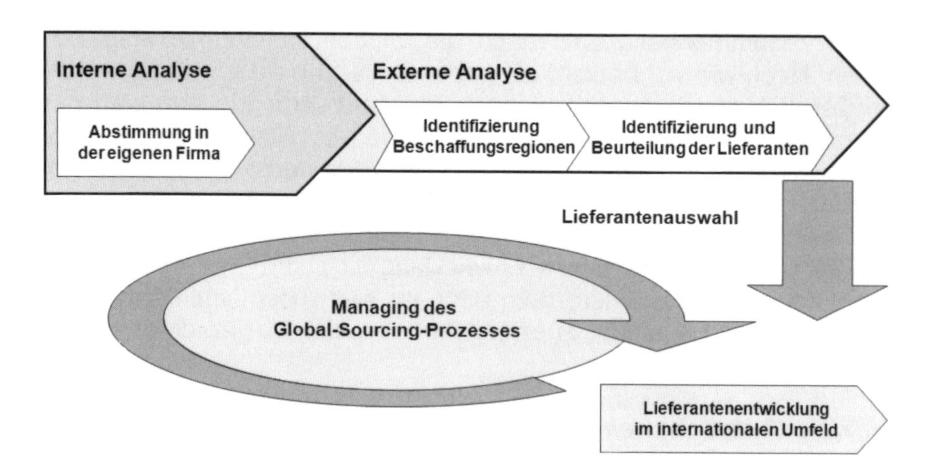

Abbildung 9: Global-Sourcing-Prozess

Welche Teile eignen sich für eine weltweite Beschaffung?

Nicht alle Teile eignen sich für eine weltweite Beschaffung. Daher erscheint es zunächst sinnvoll, eine Analyse des vorhandenen Einkaufsspektrums vorzunehmen. Es empfiehlt sich hierfür die Portfolio-Analyse. Im ersten Schritt sind hierzu die Einkaufsteile in vier Gruppen zu unterteilen:

- ***STRATEGISCHE-TEILE***
- ***ENGPASS-TEILE***
- ***SPOTMARKET-TEILE***
- ***STANDARD-TEILE***

Nachstehende Definition beschreibt die Grobklassifizierung dieser Einkaufsteile:

STRATEGISCHE-TEILE

- teilweise monopolistische Lieferantenstrukturen / wenige Anbieter
- großes Know-how / hohes Innovationspotenzial
- überwiegend Single-Source-Lieferanten (werkzeuggebunden)
- Einkaufsvolumen >1 Mio. € pro Produktgruppe
- hohe technologische und qualitative Anforderungen / komplexe Teile
- lange Wiederbeschaffungszeit
- bedarfsgesteuerte Disposition
- hohe logistische Anforderungen / teilweise just-in-time
- hoher Servicegrad

Aufgrund des hohen Versorgungsrisikos und Einkaufsvolumens ist eine partnerschaftliche Vorgehensweise mit wenigen Lieferanten empfehlenswert. In der Regel bestehen monopolistische Lieferantenstrukturen (Single Source). Ein aktives und abteilungsübergreifendes Lieferantenmanagement muss hier stattfinden. Diese Teile bieten sich nur nach sorgfältiger Abwägung (TOCO-Konzept) zum Global-Sourcing-Bezug an, sie sind jedoch nicht grundsätzlich davon auszuschließen.

ENGPASS-TEILE

- wie zuvor bei STRATEGISCH (jedoch geringeres Einkaufsvolumen)
- dadurch sitzt Lieferant am längeren Hebel
- verbrauchsgesteuerte Lieferung / teilweise erhöhter Lagerbestand

Die gleiche Charakterisierung wie bei den strategischen Lieferanten, allerdings ist hier das geringere Einkaufsvolumen und der damit verbundene Stellenwert beim Lieferanten ein weiteres Problem. Hier ist die Zielrichtung, möglichst wenig Teile dieser Kategorie zu haben (Ersatz durch Standardteile). Ein Einkauf im Ausland ist bei diesen Teilen (falls nicht technologisch anders möglich) nicht zu empfehlen. Eventuelle Einsparungen rechtfertigen nicht das erhöhte Versorgungsrisiko.

SPOTMARKET-TEILE

- kurze Wiederbeschaffungszeit / Lagerware
- Standardteile / Handelsware
- hohes Einkaufsvolumen und mehrere Anbieter
- nicht werkzeuggebunden
- Standardlogistik / reale Bedarfsdeckung

Diese Teile sind in der Regel weniger komplex und zeichnen sich durch einen hohen Standardisierungsgrad aus, damit verbunden ist ein geringeres Versorgungsrisiko. Die Lieferanten sind relativ einfach austauschbar. Hier ist eine weltweite Beschaffungsstrategie angebracht.

STANDARD-TEILE

- wie zuvor bei SPOTMARKET (jedoch geringeres Einkaufsvolumen)
- hoher administrativer Aufwand

In dieser Kategorie befinden sich überwiegend die unkritischen C-Teile. Diese Teile sind durch ein geringes Einkaufsvolumen und einen hohen administrativen Aufwand gekennzeichnet. Die Prozessoptimierung sollte hier Vorrang haben (Outsourcing und Konzentration auf wenige Lieferanten).

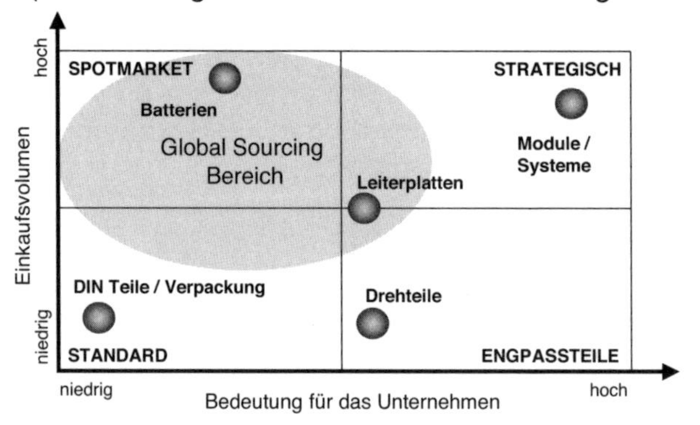

Abbildung 10: Portfoliodarstellung von Global-Sourcing-Teilen

Aufbauend auf dieser Klassifizierung kann eine Ableitung für das Unternehmen getroffen werden, welche Teile sich für das Global Sourcing anbieten. Die Ausarbeitung sollte im Team und abteilungsübergreifend erfolgen und die Zustimmung der Geschäftsführung haben. Je nachdem, welche Zulieferstrategien und Bereitstellungsprinzipien im Unternehmen angewandt werden, ist Global Sourcing möglich, bedingt einsetzbar oder nicht realisierbar.

2.3 Anforderungen an das Unternehmen

Unternehmensorganisation

Im Rahmen der Neuausrichtung der Geschäftsabläufe in modernen Industrieunternehmen ist die Entwicklung auch an den Beschaffungsabteilungen nicht spurlos vorbeigegangen. Beschaffungsmanagement heute wird in Verbindung gebracht mit dem strategischen Einkauf, der gesamtunternehmerisch zu handeln und zu denken hat, der über sehr gute Marktkenntnisse, national und international, sowie technisches Grundwissen und kaufmännische Kenntnisse verfügt. Ferner muss der strategische Einkäufer fähig sein, im Team zu arbeiten und einzelne Projekte intern und extern federführend zu betreuen und umzusetzen.[1]

Wie bereits zuvor beschrieben, ist die Grundvoraussetzung für eine effektive und erfolgreiche Einkaufsorganisation die Aufteilung der Einkaufsfelder

---

[1] Krokowski, W.: Beschaffungsmanagement – Einkauf früher und heute, Artikel aus Markt und Mittelstand 2/97, S. 54 ff.

in operative/administrative und in strategische Aufgaben. Die Aufgabenfelder des operativen/administrativen Einkaufs müssen nicht zwingend auch in der Organisationseinheit des Einkaufs bearbeitet werden. Aufgaben wie Lieferanten-Forecast, Abrufe, Systempflege, Reklamationen etc. sind häufig in der Produktion bzw. Materialplanung integriert worden. Unter der Prämisse kurzer Informationswege und möglichst weniger Schnittstellen im Unternehmen macht diese Vorgehensweise Sinn. Basisinformationen über Liefertreue, Forecasting, Bestellstatus, Qualitätsdaten etc. stehen dem strategischen Einkäufer durch zeitgemäße IT-Systeme (z.B. SAP-R3/MM) online zur Verfügung, so dass der zuvor beschriebene Bezug zu den operativen Belangen gegeben ist.

ADMINISTRATIV	**STRATEGISCH**
Mengen	Marktforschung
Termine	Vertragsrecht / Verhandlungen
Rechnungsklärung	Vollkostenbetrachtung
Systempflege	Unternehmensstrategie
Beanstandungen	Lieferantenmanagement
Recycling	Qualitätsvereinbarungen
Klärung mit:	**Zusammenarbeit mit:**
- Lager	- Marketing
- Wareneingang	- Entwicklung
- Produktion	- Produktion
- Bedarfsanforderer	- Lieferant
- Lieferant	Target Costing
	Kostenreduzierung

Abbildung 11: Ausrichtung und Aufgaben des Einkaufs

Ausgehend von der strategischen Ausrichtung des Einkaufs ändern sich die Inhalte und die Organisationsformen des Einkaufs. Der Einkauf der Zukunft, teilweise auch heute schon in fortschrittlichen Unternehmen eingeführt, wird in der Regel eine Mischform aus zentraler/dezentraler Stabsfunktion sein. Als Hilfsmittel der Steuerung wird ein entsprechendes Einkaufscontrolling zur Verfügung stehen müssen.[2]

2 Krokowski, W.: Beschaffungsmanagement–Einkauf früher und heute, a.a.O., S. 54 ff.

Die Fachkompetenzen in Richtung Global Sourcing gilt es zu zentralisieren. Wenn die Einkaufsaktivitäten zusammengefasst sind, ist es leichter möglich, dass sich die einzelnen Mitarbeiter spezialisieren, und ferner wird vermieden, dass Fachwissen und Kapazitäten doppelt vorgehalten werden müssen. Die Organisation der internationalen Einkaufsabteilung kann analog dem Verkaufsbereich einerseits nach Ländern und andererseits nach Produkten erfolgen oder nach beidem (Matrixorganisation), je nach der Größe und der Komplexität des Beschaffungsspektrums des Unternehmens. Auch für den Einkauf gilt, im Rahmen des Lean Management und der Konzentrierung auf das Kerngeschäft mit kompetenten externen Dienstleistern zusammenzuarbeiten.

Abschließend ist zu bemerken, dass für einen erfolgreichen Aufbau und die Umsetzung einer internationalen Beschaffungsstrategie die Unterstützung der Unternehmensleitung eine absolute Voraussetzung ist. Das Unternehmensumfeld (u.a. Organisation, Einsicht zur Veränderung, Beziehungen zu den Nachbarabteilungen, gemeinsame Vorgaben/Objectives) muss ebenfalls darauf abgestimmt sein.

Internationale Einkaufs- und Servicebüros (IPO's)

Wie so häufig im Leben besteht ein gewaltiger Unterschied zwischen Theorie und Praxis. Der Punkt Global Sourcing wird einfach als neuer Punkt auf die Prioritätenliste des Einkaufs gesetzt. Die Frage für den Einkäufer stellt sich jedoch, wie kann man erfolgreich im internationalen Einkaufsgeschäft bestehen. Mit Global Sourcing sind, um es erfolgreich betreiben zu können, folgende Aktivitäten eng verbunden:

- Kenntnisse über weltweite Beschaffungsmärkte
- Prozesskenntnisse und Kenntnisse über Kostenstrukturen
- Lieferantenauswahl und -bewertung
- Lieferantenmanagement
- Vollkostenbetrachtung (TOCO)
- Internationales Vertragsrecht und Verhandlungsführung
- Qualifikation und Weiterbildung der Mitarbeiter
- interne Unterstützung im eigenen Unternehmen
- lokale Betreuung vor Ort

Diese Aktivitäten und Aufgaben mit bestehenden Strukturen und vorhandenen Kapazitäten in kurzer Zeit erfolgreich zu bewältigen ist nahezu unmöglich. Hier besteht im Bereich Einkauf die Möglichkeit, wie auch in der Logistik und im Qualitätsbereich, einige wesentliche Elemente von außen mit einzubinden und somit Kapazitäts- und Know-how-Engpässe zu überwinden. Die Bezeichnung Internationale Einkaufsbüros lässt den Schluss zu, dass es sich hierbei um reine Einkaufsagenturen oder Händler handelt, die im Bereich der Wertschöpfungskette keinen großen Beitrag leisten. Dass diese Sichtweise nicht automatisch richtig ist, zeigt das Leistungsspektrum von renommierten *IPO's* (*I*nternational *P*urchasing *O*ffices) besonders im asiatischen Bereich. Neben der reinen Auftragsabwicklung können folgende Arbeiten von professionellen IPO's vor Ort durchgeführt werden:

- Erschließung des Beschaffungsmarktes
- Plattform für alle Sourcing-Aktivitäten
- Qualitätsinspektionen/Verschiffungsfreigaben
- Terminüberwachung
- Unterstützung bei der Pflege von Lieferantenbeziehungen
- administrative Unterstützung vor Ort
- Logistikunterstützung
- Aufbereitung von aktuellen Länderinformationen
- Benchmark-Informationen

sowie in Abhängigkeit von der Qualifikation der Mitarbeiter in diesen Einkaufsbüros:

- Angebotseinholung und -verhandlung
- Vertragsverhandlungen
- Lieferantenaudits
- Unterstützung von Besuchern des Stammhauses
- Verhandlungen von technischen Änderungen
- Betreuung von Kostenreduzierungsprogrammen
- Bearbeitung von Beanstandungen
- Joint Venture und Vertriebsunterstützung
- Bedarfsbündelung/Einkaufsmacht

Wie beschrieben können die Aufgaben eines Einkaufsbüros sehr vielfältig sein, und IPO's sind daher als verlängerter Arm der eigenen Einkaufsorganisation anzusehen. Dieser Vorteil wird vielfach von Einkäufern missverstanden, da sie an dieser Stelle den falschen Ehrgeiz entwickeln, alles vom eigenen Schreibtisch aus selbst zu machen. Sehr schnell kommt die Ernüchterung, dass die Auftragsabwicklung mit internationalen Herstellern doch aufwendiger und risikoreicher ist, als mit eingefahrenen deutschen Lieferanten.

Aufgabenbereich	Externer Dienstleister
Qualitätsüberwachung	Qualitätshäuser / Internationale Einkaufs- und Servicebüros
Transport / Lagerung / Versand / Importabwicklung	Logistikpartner / Internationale Spediteure
Einkauf / Lieferantenauswahl und –betreuung	Internationale Einkaufs- und Servicebüros

Abbildung 12: Externe Dienstleister für den Einkaufsbereich

Dass ein Lieferantenmanagement mit internationalen Lieferanten ein ganz anderes ist als ein Lieferantenmanagement mit lokalen Lieferanten und dass die Qualitätskontrolle von Deutschland aus wesentlich schwieriger zu bewerkstelligen ist, sehen am Anfang nur wenige Unternehmen. Hier setzt die Wertschöpfung der IPO's an. Wie bei der Lieferantenauswahl ist die Auswahl eines vertrauenswürdigen international tätigen Einkaufspartners von entscheidender Bedeutung. Allein in Shanghai und Singapur sind jeweils weit über 100 IPO's tätig. Die Büros sind in der Regel mit professionellen und erfahrenen lokalen Einkäufern besetzt, und die meisten Mitarbeiter dieser Büros haben eine technische Grundausbildung. Bei der Auswahl des richtigen Büros ist Erfahrung und Vertrauen von besonderer Bedeutung. Nicht jedes IPO ist zu empfehlen und besitzt professionelle Einkaufsmitarbeiter.

Grundsätzlich gibt es drei Arten der Einbindung von IPO's:

- auf der Basis von externen Dienstleistern (Leistungen nach Aufwand und Bedarf)
- ein eigenes Einkaufsbüro mit eigenen Leuten
- Aufbau eines gemeinsamen Einkaufsbüros mit mehreren beteiligten Unternehmen.

Je nach der Höhe des Beschaffungsvolumens können grundsätzlich drei Alternativen bei der Anwendung des Global Sourcing unterschieden werden: eigenes Einkaufsbüro oder IPO's, Mitglied in einem gemeinschaftlichen Einkaufsbüro oder Beauftragung von Distributoren / Handelsvertretungen.

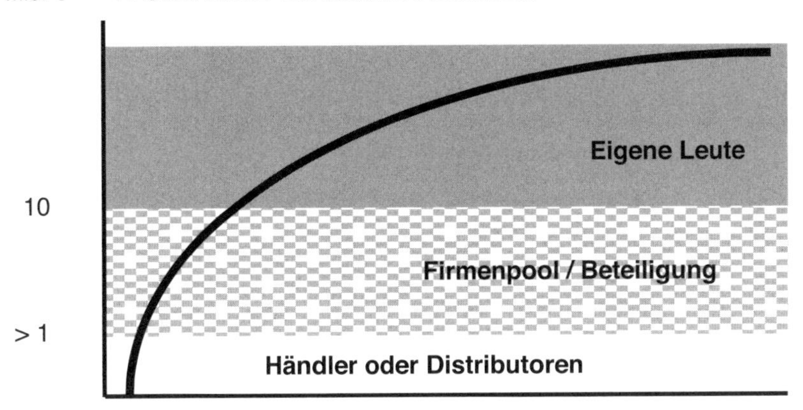

Abbildung 13: Unterschiedliche Dienstleistungsmodelle bei Einkaufsbüros

Unter einem Einkaufsvolumen von 1 Million € im internationalen Bereich ist es empfehlenswert, einen Vermittler/Distributor zu beauftragen. Ab 1 bis in den Bereich von 10 Millionen € Einkaufswert bietet sich die Möglichkeit, einem Gemeinschafts-IPO beizutreten, wobei man einerseits von den Vorteilen eines internationalen Einkaufs und der größeren gemeinsamen Einkaufsmacht durch Volumenakkumulation profitieren und andererseits die Kosten zwischen den Mitgliedern aufteilen kann.

Weitere Vorteile sind

- eindeutige Kostenvorteile (rund 50.000 € Mitgliedsbeitrag gegenüber rund 250.000 € für die Unterhaltung eines eigenen Büros)
- bessere Einkaufsmacht durch Bedarfsbündelung und gemeinsames Auftreten
- kurze Anlaufphase, da auf bestehendes und erfahrenes Personal aufgebaut wird
- mehrere Bürostandorte können eventuell abgedeckt werden
- Erfahrungsaustausch durch beteiligte Firmen
- direkte Kontrolle und Einflussnahme
- Mitgliedsfirmen sind gleichberechtigt an den Büros beteiligt

Auch kleinere Firmen erhalten mit relativ geringem finanziellem Aufwand einen direkten Zugriff auf die Beschaffungsmärkte. Die Kosten sind für jedes Mitglied im Voraus bekannt und für das eigene Unternehmen budgetierbar. Ferner ist durch die Kontrollmöglichkeiten (Beteiligung) vollständige Transparenz über den Geschäftsverlauf und die Aktivitäten der IPO's sowie deren Effektivität für alle Mitgliedsfirmen gewährleistet.

Die dritte Alternative eines eigenen Einkaufsbüros ist ab dem Bereich von 10 Millionen € Einkaufswert anzuraten. Hier kann auf unternehmensspezifische Belange genau eingegangen werden, allerdings sind die Kosten und das Risiko auch voll vom eigenen Unternehmen alleine zu tragen. Die Zahlen der folgenden Abbildung basieren auf aktuellen Informationen von weltweit operierenden Firmen mit eigenen Einkaufsbüros.

Internationales Einkaufsvolumen	Vertragliche Bindung	Kosten	Vor- und Nachteile
bis ca. 1 Mio. € / Jahr	Dienstleistungsvertrag	1.000 - 3.000 € / Monat	+ Kurzfristige Bindung + Hohe Flexibilität + Nutzung mehrerer Büros möglich + Geringe Kosten - Geringe Individualität - Keine Wahrnehmung strategischer Aufgaben
1 bis ca.10 Mio. € / Jahr	Beteiligung/Kooperation	ca. 50.000 € / Jahr	- Mittelfristige Bindung + Bessere Kontrolle + Wahrnehmung strategischer Aufgaben
> 10 Mio. € / Jahr	Eigenes Büro / Mitarbeiter	ca. 250.000 € / Jahr	- Langfristige Bindung - Hoher Aufwand - Hohe Kosten und Risiko + Komplette Kontrolle

Abbildung 14: Vor- und Nachteile der unterschiedlichen Modelle

Interessant sind immer wieder die Gespräche mit den Geschäftsführungen der beteiligten oder interessierten Unternehmen. Während die Einkaufsabteilungen sehr aufgeschlossen gegenüber der Idee des gemeinsamen Einkaufsbüros sind, wird von der Geschäftsführung ein schnelles „Return of Investment" gefordert. Die strategische und langfristige Aufgabe, die diese Büros zu erfüllen haben, wird meistens bewusst übergangen. Ebenfalls wird den interessierten Einkaufsabteilungen entgegengehalten, dass bereits Vertriebsbüros oder -niederlassungen in diesen Ländern bestehen und der Einkauf ohne Bedenken diese nutzen kann. Die Erfahrung ist jedoch immer wieder anders. Vertriebsbüros oder -niederlassungen haben eindeutig andere Aufgaben, die Unterstützung des Einkaufs gehört nicht dazu. Viele Einkaufsabteilungen haben diese Erfahrung schon schmerzhaft mitmachen müssen. Hierzulande wird der Einkauf zum Wohl des Unternehmens ja auch nicht durch die Vertriebsbüros umgesetzt. So ist sicherlich die schwierigste Hürde auf dem Weg zur aktiven Teilnahme an einem gemeinsamen Einkaufsbüro oder der späteren Gründung eines eigenen IPO's, die Geschäftsleitung davon zu überzeugen, dass die jährlichen Kosten in Höhe von rund 50.000 € bei einer Beteiligung ein Investment für den strategischen und international operierenden bzw. agierenden Einkauf ist.

Auswirkungen auf das Unternehmen

Zusammenfassend kann gesagt werden, dass Global Sourcing eine Veränderung der gesamten Unternehmensabläufe bewirkt und somit keine Einzelaktion des Einkaufs, sondern wesentlicher Teil einer weltoffenen und gesamtheitlichen Unternehmensstrategie ist. Nachfolgend eine Auflistung der notwendigen Veränderungen im Unternehmen:

- andere Logistikkonzepte
- längere Lieferzeiten / Flexibilitätsverlust
- Änderung der Entwicklungskonzepte
- Änderung der Qualitätssysteme
- neue Instrumentarien / Einsatz neuer Informationstechnologien
- Änderungen im Cash Flow und Controlling
- andere Anforderungen an Mitarbeiter
- neue Verfahrensanweisungen / Internationales Vertragsrecht

3.0 Internationales Beschaffungsmanagement

3.1 Mitarbeiterauswahl und Teambildung

Global Sourcing, Total Cost of Ownership, Optimierung der Arbeitsabläufe, Supply Line Management und viele andere Aspekte bestimmen heute das Handeln des Einkäufers. Flexibilität, Engagement, Teamfähigkeit, Fachkompetenz, Akzeptanz und strategisches/analytisches Denken sind die Voraussetzung, um heute im Bereich der Materialwirtschaft und Logistik erfolgreich zu sein. Auf die Qualifikation und den Erfahrungsschatz jedes einzelnen Mitarbeiters kommt es dabei an. Nur mit entsprechend qualifizierten und motivierten Mitarbeitern sind die Ziele eines effektiven und „World Class"-Beschaffungsmanagements zu erreichen. Neben der Aus- und Weiterbildung des entsprechenden Mitarbeiters müssen auch die entsprechenden organisatorischen Voraussetzungen im Unternehmen geschaffen werden.

In den meisten Betrieben sind die Einkäufer für alles verantwortlich (administrative und strategische Aufgabe), d.h., ein Großteil des Arbeitsaufwandes (bis zu 90 oder gar 95 % der Arbeitszeit) dient der Bewältigung der administrativer Aufgaben. Für die Gewinn bringenden strategischen Aufgaben bleibt meistens keine Zeit. Internationale Einkaufsstrategen haben hingegen über sehr gute Marktkenntnisse, national und international, sowie technisches Grundwissen und über kaufmännische Kenntnisse zu verfügen. Ferner werden gute Fremdsprachenkenntnisse und ein gutes Einfühlungsvermögen in fremde Mentalitäten und Kulturen erwartet. Zunehmend spielt der moderne Einkäufer die Rolle des Projektleiters oder Moderators. Er vermittelt zwischen den einzelnen Interessenlagen innerhalb und außerhalb des Unternehmens. Eine Einbindung des Einkaufs zum frühestmöglichen Zeitpunkt im Entwicklungsstadium, wenn es darum geht, im Rahmen des Target Costing oder Benchmarking den Markt zu analysieren und Impulse aus den Beschaffungsmärkten mit in die Diskussion und Entscheidungsfindung einzubringen muss gewährleistet sein. Des Weiteren muss ein Einkäufer in der Lage sein zu beurteilen, welche Potenziale in seiner Lieferantenbasis und den internationalen Beschaffungsmärkten vorhanden sind (Know-how in den Bereichen Marketing, Produktionstechnologie, Qualität, Entwicklung, Logistik und aktives Kostenmanagement). Immer häufiger werden Lieferanten in strategische Allianzen des Unternehmens einbezogen.

Gerade im Bereich Global Sourcing rücken die Grenzen von Einkaufs- und Vertriebstätigkeiten immer näher zusammen. Der Einkäufer wird als Partner des Vertriebs/Marketings angesehen, wenn es um die Erschließung neuer internationaler Absatzmärkte geht. Die Neuausrichtung der Einkaufsabteilung bringt meist ein Economies of Scope[3] mit sich, d. h. ein gesteigertes Innovationspotenzial durch Lerneffekte. Die durch die Global Sourcing-Strategien betroffenen Mitarbeiter sind gezwungen, in neuen Denkschemen zu arbeiten. Ein asiatischer Lieferant packt eine Sache vielleicht anders an als ein deutscher oder er bietet auch andere Prozessabläufe bzw. Alternativprodukte mit anderen Eigenschaften an. Oftmals entdeckt man bessere Problemlösungen für den eigenen Betrieb, wenn man mit in anderen Schemen denkenden Menschen und Firmen zusammenarbeitet.

Hinsichtlich der Anzahl der Mitarbeiter in diesen strategischen Bereichen kann gesagt werden, dass die Zeit der großen Einkaufsabteilungen endgültig der Vergangenheit angehört, auch hier gilt Qualität vor Quantität. Die strategisch und international ausgerichteten Einkaufsexperten werden eine kleine Gruppe im Unternehmen bilden, die sich organisatorisch mehr in Richtung einer Stabsabteilung entwickeln, mit hohen Anforderungen an deren Kommunikation und Integration. Die administrativen Bereiche werden mehr und mehr vom Einkauf entkoppelt und in die Produktion verlagert.

Mitarbeiterauswahl[4]

Ein wichtiger Aspekt ist die Auswahl der richtigen Mitarbeiter für das Sourcing-Team. Die Leistungsfähigkeit dieses Teams (d.h. deren Kenntnisse, Erfahrungen, Verhandlungsgeschick und Loyalität zur Firma) ist ein wesentlicher Grundpfeiler für eine erfolgreiche Unternehmensstrategie. Wenn möglich sollten je ein Mitarbeiter aus dem kaufmännischen und technischen Bereich für diese Aufgabe organisiert werden, um die Effektivität und das notwenige Know-how zu gewährleisten. Folgende Fachkenntnisse sind daher unbedingt notwendig:

Kenntnisse/Qualifikation

- technische Fachkenntnisse
- kommerzielle Fachkenntnisse
- Vertragskenntnisse
- Sprachen und Reisefreudigkeit
- Verhandlungstechniken
- Stressbelastung und Altersstruktur

---

[3] Beschaffungsmanagement, Dr. Wieselhuber & Partner, S. 43.

[4] Katzenbach, John R.; Smith, Douglas K.; The Wisdom of Teams/Creating the High-Performance Organization; Harper Business 1993

Arbeitsplatzanforderung und Training

- vom Einkauf zu Global Sourcing
- vom Global Sourcing in Richtung Joint Venture

Ausrichtung von leistungsstarken Teams

- Organisationsstrukturen
- Teambildung
- Warum Teams? Wie generiert sich ein Team? Entwicklung einer Team Vision
- PRT-Technik (Project Realization Team)
- Projektmanagement
- Risk Management

Das Anforderungsprofil für einen Einkäufer, Sourcing-Spezialist und einen Joint-Venture-Manager kann aus der folgenden Beschreibung ersehen werden:

Das Profil der einzelnen gelisteten Mitarbeiter sollte planmäßig und mit intensiver Ausbildung durch erfahrene Trainer erfolgen. Oft schickt man diese hoch ausgebildeten und gewandten Mitarbeiter in ein Assessment-Center, um dort deren Fähigkeit prüfen zu lassen.

Einkäufer

- Technische/kaufmännische Ausbildung
- Verhandlungsgeschick mit Lieferanten
- Flexibilität/Organisationstalent
- Sprachkenntnisse/Teamgeist

Sourcing Spezialist

- Ausbildung – Entwicklungsingenieur / Betriebswirt
- Flexibilität/internationale Erfahrung
- Global Sourcing/Risk Management
- Bewertung von weltweiten Lieferanten
- Sprachkenntnisse/Vertragswesen

Joint-Venture-Manager

- Ausbildung Entwicklungsingenieur/Betriebswirt mit Leitungsfunktion
- Flexibilität, internationale Erfahrung im Vertragswesen/Gesetzgebung
- Auswertung von globalen Marktanalysen
- Outsourcing/Offshoring, TQM, VQM, Risk Management
- Analysierung und Bewertung von Joint-Venture-Partnern, Joint-Venture-Aufbau und Abschluss

3.2 Kommerzielles und technisches Beschaffungsmarketing

Die Mitarbeiter für das kommerzielle und das technische Beschaffungsmarketing müssen Hand in Hand, abgestimmt und mit einer Stimme beim Lieferanten auftreten. Das Ziel sollte immer sein, der Beste am Markt zu sein oder zu werden. Wenn man den alten Einkauf betrachtet, war der Preis des Produktes immer am höchsten eingestuft, wobei sich hier ein gewaltiger Wandel vollzogen hat. Der Einkauf wurde ergänzt durch einen vorgeschobenen Fachbereich mit dem Namen Beschaffungsmarketing, der auch Sourcing oder Global Sourcing genannt wird. Aufgebaut auf den gesammelten Erfahrungen wurde dann dieser Bereich wegen seiner Komplexität in zwei Schwerpunkte, und zwar in ein kommerzielles und ein technisches Beschaffungsmarketing, unterteilt. Basierend auf den langjährigen Erfahrungen kann man Folgendes sagen:

Die Ausbildung der verantwortlichen Mitarbeiter oder Manager sollte technisch als auch kaufmännisch sein, um alle anstehenden Themen abdecken zu können. Anhand der folgenden Abbildung aufgeführten Vergleiche erkennt man diesen Wandel sehr gut und zwar in den englischen Begriffen wie zum Beispiel:

- Inspection versus Preventation (Inspektion versus Verhinderung)	➡	Defektfreie Teile und Lieferung
- JIC versus Delivery in Time (Just in Case versus zielgenaue Lieferung)	➡	Just-in-time Lieferungen
- Competitive bidding alone versus Negotiation based on True Cost (Wettbewerbs-Angebote versus Verhandlung über wahre Kosten, z.B. Open Book)	➡	Optimale Kosten
- Include strategic Shareholder versus Suppliers on DFM Team (Einbeziehung der Shareholder versus Lieferanten als Teil des Teams)	➡	Frühzeitige Involvierung der Lieferanten

Wie aus diesen Beispielen weiterhin zu ersehen ist, wird die Thematik Sourcing immer aktueller und die Problematik Unternehmer-Lieferant als zukünftige Partner je nach Sachlage oder Produkt immer notwendiger, um seine Kosten in den Griff zu bekommen. Dies zeigt unsere Abbildung sehr deutlich, und zwar von der frühzeitigen Involvierung der Lieferanten über die optimalen Kosten basierend auf dem Open Book bis hin zur defektfreien Lieferung im festgelegten Zeitrahmen.

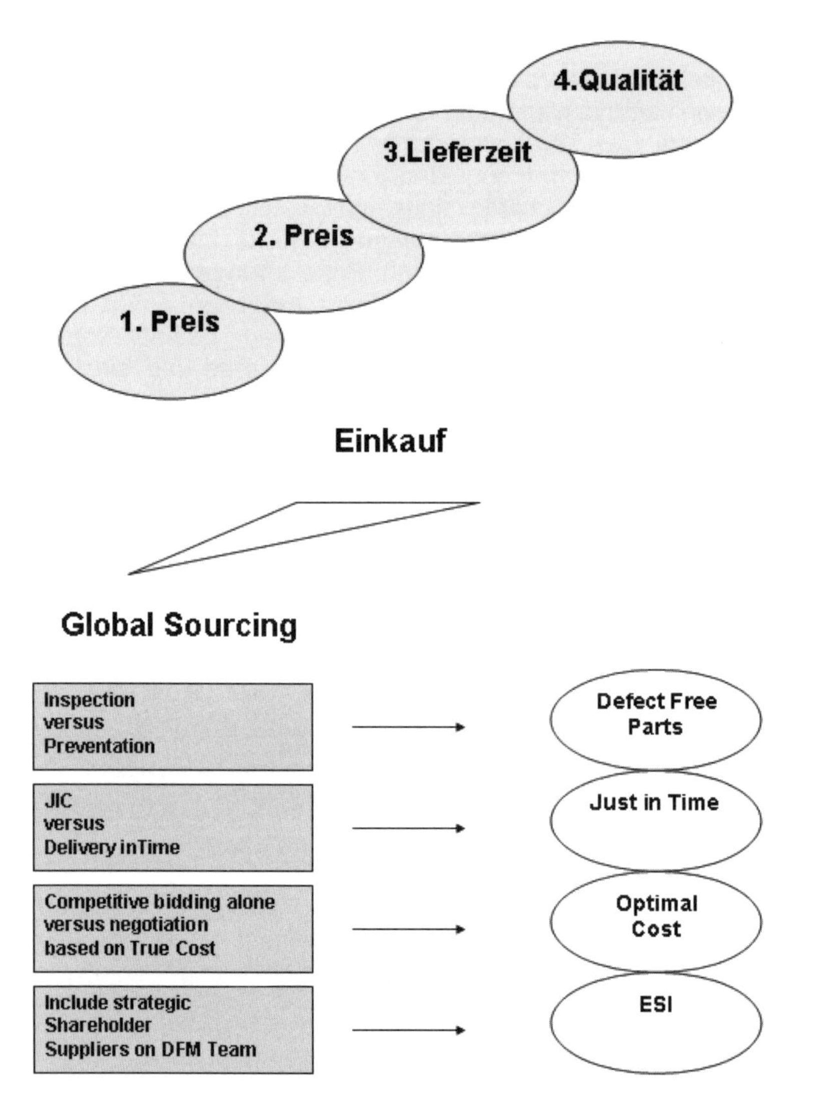

Abbildung 15: Einkauf-Prioritäten gestern versus Global-Sourcing-Prioritäten von heute

3.3 *Weltweite Beschaffungsmärkte*

Die gesamte Welt ist ein Beschaffungsmarkt. Bei näherer Betrachtung kristallisieren sich sehr schnell Schwerpunkte bei der Suche nach geeigneten Beschaffungsregionen heraus. Nachdem die Regionen Afrika (fehlende Infrastruktur, Korruption, politische Unsicherheiten), Arabien (fehlende Infrastruktur, politische Unsicherheit, Religionskonflikte) und Südamerika (bürokratische Hürden, Korruption, Kriminalität) ausfallen und Australien lediglich als Rohstofflieferant von Mineralien in Betracht kommt, bleiben nur einige wenige internationale Regionen in der engeren Auswahl.

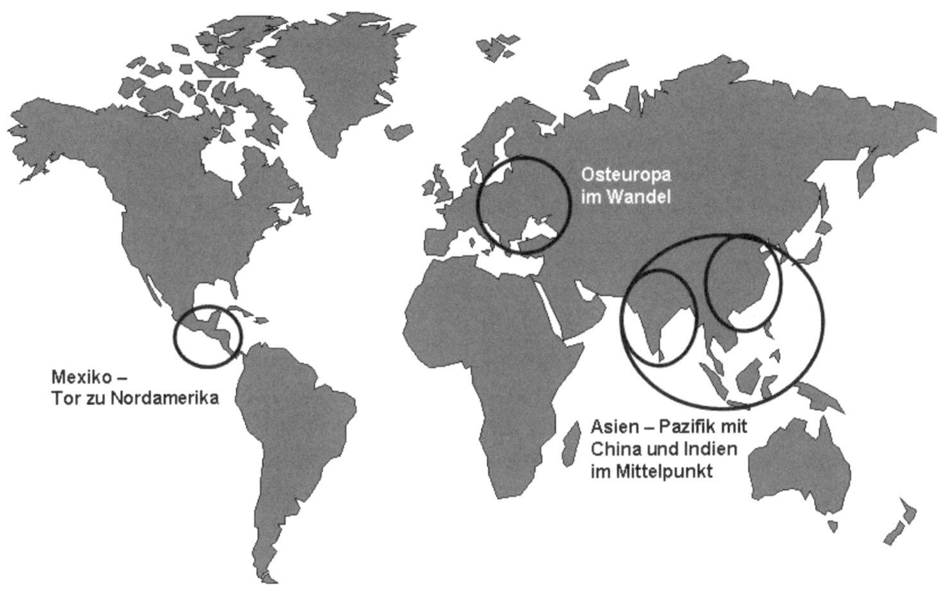

Abbildung 16: Die aktuellen Trendmärkte

Schauen wir uns die Welt einmal näher an. Die heutigen und auch die zukünftigen Trendmärkte lassen sich in drei Regionen zusammenfassen:

- Nordamerika mit Mexiko als Tür nach Nordamerika
- Europa unterteilt in Westeuropa, Südeuropa (hier speziell Portugal), Osteuropa mit den Ländern, die der EU beigetreten sind (ggf. noch unterteilt in Länder der ersten Stunde wie Ungarn, Tschechien, Polen etc. und Länder der jüngsten Generation wie Bulgarien und Rumänien), und die europäischen Länder außerhalb der EU wie Russland, Ukraine, Türkei etc.

- Asien unterteilt in China und Indien und in asiatische Staaten mit sekundärer Bedeutung wie Singapur, Taiwan, Korea, Vietnam, Thailand, Malaysia etc. Japan spielt hier eine besondere Rolle und ist nur im Bereich Hightech oder Automobilherstellerindustrie von Interesse.

Die Beschaffungsmärkte Amerikas und Asiens sind überwiegend USD-orientiert, während der Beschaffungsmarkt Europa einschließlich Osteuropa überwiegend €-orientiert ist. Dies bedeutet, dass Vertragsabschlüsse in amerikanischen und asiatischen Regionen in der Regel in USD abgeschlossen werden, während in Osteuropa der € ohne größere Probleme akzeptiert wird. Diese Tatsache kann für einige Firmen ausschlaggebend und die Grundlage dafür sein, ob sie ihre Sourcing-Aktivitäten mehr in Richtung Osteuropa oder Asien ausrichten. Gerade unter den schwankenden Dollarkursen kann ein Engagement in USD-Beschaffungsregionen mit einem wesentlich geringeren Risiko verbunden sein, falls man in diesen Regionen den richtigen Lieferanten findet.

Bei der Auswahl der geeigneten Beschaffungsregionen können die Lohnkosten nicht der alleinig ausschlaggebende Faktor sein, von einigen wenigen äußerst lohnintensiven Industriebranchen abgesehen, dafür sind die Anforderungen an heutigen Beschaffungsgüter zu komplex. Für die meisten Einkäufer gilt daher, das richtige Bezugsland zu finden, das im Verhältnis von Lohnkosten und Value-Added-Leistungen (Logistik, Entwicklung, Projektmanagement, Qualität, Prozesssicherheit etc.) das Optimum bietet. Welches das richtige Beschaffungsland oder -region für ein Unternehmen darstellt, ist abhängig von seiner strategischen Ausrichtung. In der internationalen Beschaffung stehen die Lohnkosten immer in einem direkten Verhältnis zwischen Risiko und Aufwand. Der Aufwand und das Risiko beim Aufbau neuer Lieferantenstrukturen sind in der Regel dann am größten, wenn die Lohnkosten besonders gering sind.

In welcher Region die richtigen Beschaffungsländer für ein Unternehmen liegen, ist abhängig von der Vertriebs- und Produktionsstrategie und den Anforderungen an den Lieferanten. Eine pauschale Antwort kann hier nicht gegeben werden.

Kriterium	Indien	China	Osteuropa
Ausbildungsstand Personal	+ bis +/-	-	+
Verfügbarkeit von qualifiziertem Personal	+ bis +/-	-	+ bis +/-
Anzahl der ausgebildeten Lieferanten	-	+ bis +/-	- bis +/-
Niveau der Lieferanten	- bis +/-	+ bis +/-	+/-
Kostenstruktur der Lieferanten	+	+/-	- bis +/-
Logistik / Anbindung der Lieferanten	-	- bis +/-	+ bis +/-
Bevorzugte Industriebranchen	Mechanik/Software	übergreifend	Mechanik
Rohstoffproduktion	+/-	+ bis +/-	-
Euro / Dollar Region	USD	USD	Euro
Kurz- und mittelfristiger Ausblick	-	+ bis +/-	+/-
Langfristiger Ausblick	+/-	+/-	+/- bis -

Bewertung: - negativ; +/- mittelmäßig; + positiv

Abbildung 17: Die aktuellen Trendmärkte im Vergleich

3.4 Länder- und Lieferantenbewertungen
(von Dr.-Ing. Thomas Beckmann)

Durch verstärkten Kostendruck im internationalen Wettbewerb sind Unternehmen seit Jahrzehnten gezwungen, sich zunehmend auf ihre Kernkompetenzen zu konzentrieren und Teile des Produktionsprozesses, z.B. solche mit niedrigem technologischem Anspruch und hohem Lohnkostenanteil, auszulagern. Um den Prämissen einer optimalen Beschaffung gerecht zu werden, wurde diese in den letzten Jahrzehnten auf weltweite Märkte ausgedehnt. Dank leistungsstarker Logistikpartner, sinkenden Transportkosten und weltweiter Informations- und Kommunikationssysteme können nahezu alle Regionen der Welt mit den dortigen Kostenvorteilen erschlossen werden. Der Prozess der internationalen Beschaffung ist jedoch auch mit einer Vielzahl von Risiken behaftet. Besonders politische Instabilität, mangelnde Rechtssicherheit und unterentwickelte Infrastruktur können den Erfolg eines Beschaffungsprojektes negativ beeinflussen.

Vor dem Hintergrund der Komplexität der weltweiten Beschaffung kommt einer eingehenden Analyse der Beschaffungsmärkte eine besonders hohe Bedeutung zu. Der Beitrag liefert ein Kriterienset, das dem Praktiker hilft, Stärken und Schwächen von Beschaffungsmärkten angepasst an die individuellen Bedürfnisse des Unternehmens zu beurteilen. Dieses Werkzeug ist geeignet, die Auswahlentscheidung eines Beschaffungsmarktes vorzubereiten und Marktcharakteristika zu visualisieren. Als Analyseinstrument wird hier die Nutzwertanalyse verwendet. Diese ist für den angestrebten Zweck besonders vorteilhaft, da unterschiedliche Arten von Kriterien verwendet und anhand ihrer Relevanz gewichtet und verglichen werden können. Da für das beschaffende Unternehmen die Kriterien nicht alle gleich bedeutend sind, erfolgt eine Anpassung des Bewertungsmechanismus durch Gewichtungsfaktoren. Die Multiplikation aus Gewichtungsfaktor und Ausprägung ergibt den Nutzwert des Landes für das betrachtete Kriterium. Durch Addition der einzelnen Nutzwerte der Länder getrennt, nach Risiko- und Potenzialkriterien, erhält man letztendlich den Potenzialnutzwert bzw. den Risikowert für ein Land.

Konkret kommen in diesem Fall 30 Kriterien (siehe unten aufgeführte Abbildung) zur Anwendung, die in elf Dimensionen zusammengefasst werden. Hierbei wurde besonders darauf geachtet, dass die Subkriterien homogen hinsichtlich Risiko und Potenzial sind. Wichtig für eine erfolgreiche Durchführung der Nutzwertanalyse ist neben einer sinnvollen Auswahl an Analysekriterien auch deren Gewichtung und Bewertung.

1. Leistungspotenzial
Bildungsniveau (3)
Know-how- & Qualitäts-Niveau (3)
Produktionsvolumenpotenzial (3)
Zugang zu F&E (1)

2. Kostenpotenzial
Rohstoff- und Energiekosten (3)
Logistikkosten (3)
Personalkosten (3)
Kostenstruktur des Beschaffungsmarktes und dessen Vormärkte (2)
Kapitalkosten (1)

3. Wirtschaftliches potenzial
Bruttoinlandsprodukt (3)
Staatsverschuldung (1)
Importquote (1)
Exportquote (2)
BIP pro Kopf (3)
Konjunktur (2)

4. Absatzpotenzial
Bevölkerungszahl (3)
Wachstumsrate der Bevölkerung (2)
Wachstumsrate des BIP (3)
Grad der Marktsättigung (3)
Altersstruktur (1)

5. Marktstrukturrisiken
geografische Entfernung (3)
Logistik- und Infrastruktur (3)
Zugang und Art der Distributionsnetzwerke (2)
Marktdynamik (2)
Branchenstruktur (1)
Kommunikationsstruktur (2)

6. Finanzielles Risiko
Entwicklung der Inflationsrate (2)
Wechselkursschwankungen (3)
Kapitalinfrastruktur & Kapitalzugang (2)
Währungsrisiken (3)

7. Politisches Risiko
Wirtschaftsfreundlichkeit (3)
politische Stabilität, Staatsform (3)
Handelshemmnisse (3)
Korruption (2)
Mitgliedschaft in internationalen Organisationen / Wirtschaftsgemeinschaften (2)

8. Rechtliches Risiko
Rechtssicherheit, Kauf- & Vertragsrecht (3)
Enteignungsrisiken (2)
Gefahr des Knowhow-Abflusses, Umgang mit IP (Patentrecht) (3)

9. Sicherheitsrisiko
Streikanfälligkeit (2)
Kriminalität (3)
soziale Unruhen, Kriege
Diskriminierungen (3)

10. Gesellschaftliches Risiko
Sprachzugang, Englischkenntnisse (3)
psychische Distanz (2)
Handelsbräuche und Mentalität im Gastland (2)
Religionszugehörigkeit (1)
Gesundheitssystem (1)

11. Natürliches Risiko
Klima, Naturkatastrophenanfälligkeit (1)
Rohstoffvorkommen (3)

(Gewichtung des Kriteriums in der Analyse)

Abbildung 18: Übersicht der Analysekriterien

Die Gewichtung erfolgt anhand einer drei-stufigen Skala, die unabhängig vom betrachteten Land jedem Kriterium zugeordnet wird, wobei drei der höchsten und eins der niedrigsten Bedeutung entspricht. Kriterien, die

Rückschlüsse auf die zu erwartende Qualität der Beschaffungsgüter zulassen, sowie Kostenkriterien, die auf eine günstige Beschaffung schließen lassen, werden meist stärker gewichtet als sekundäre Kriterien wie die Bevölkerungszahl und Zahlungsmoral eines Landes, da diesen erst in weiteren Schritten, wie z.B. der Absatzmarkterschließung, stärkere Bedeutung zukommt. Für die Bewertung der einzelnen Kriterien wird eine Skala von 0 bis 10 gewählt, da eine differenzierte Einteilung nötig ist und in der Regel durch seriöse Informationen auch gewährleistet werden kann. Die einzelnen Kriterien können quantitativer (metrische skaliert) oder qualitativer Art (nominal skaliert) sein.

Der Ausprägung quantitativer Merkmale kann direkt die 10-stufige Bewertungsskala zugeordnet werden. Es muss jedoch für jedes Kriterium entschieden werden, ab welchem Wert die höchste Punktzahl 10 und ab welcher Ausprägung lediglich eine 0 vergeben wird. Beispiele für quantitative Kriterien sind Inflations- und Zinsrate, Transportkosten, geografische Entfernung, die Wachstumsrate und das Bruttoinlandsprodukt pro Kopf (BIP). Das Potenzialkriterium BIP gibt Auskunft über die Kaufkraft eines Landes. Eine hohe Kaufkraft bietet die Chance auf der Absatzmarkterschließung der Region. Vergleicht man unterschiedliche Ausprägungen des BIP, so liegt der Durchschnitt in etablierten Märkten wie den USA bei etwa 37.000 $, was hier 10 Punkten entspricht. In unterentwickelten Ländern liegt das BIP teilweise deutlich unter 400 $, was hier mit einem Punkt bewertet wird und die unterste Bewertung darstellt (1 Punkt). Die Spanne dazwischen wird linear abgestuft.

Qualitative Merkmale

Für qualitative Kriterien wird auf Indikatoren zurückgegriffen, die das Kriterium indirekt beschreiben. Dies ist z.B. bei der Beurteilung der öffentlichen Sicherheit eines Landes aufgrund von Kriminalitätsindizes oder Mordraten der Fall. Kriterien wie die Mentalität und Gefahr des Know-how Abflusses in einem Land zu bewerten, stellt eine Herausforderung dar. Hier kann die Entscheidung nur auf Experten, eigene Erfahrungen im Unternehmen oder Berichte aus der Fachpresse gestützt werden.

Analyseergebnis

Da Risikokriterien entgegengesetzt zu Potenzialkriterien skaliert sind (auf- bzw. absteigend), d.h. je nach Art des Kriteriums ein niedriger oder hoher Wert günstig für das Gesamtziel ist, dürfen die Ergebnisse unterschiedlicher Kriterien nicht verrechnet werden. Das Analyseergebnis enthält Nutzenpotenzialwerte, die die Chancen auf dem betrachteten Markt beschreiben und zum anderen Risikowerte. Bei der Interpretation ist zu beachten, dass ein möglichst niedriger Wert bei den Risiken vorteilhaft ist, bei den Potenzialkriterien entsprechend ein hoher. Für die einzelnen Dimensionen werden die Ergebnisse in Form eines durchschnittlichen Nutzwertes über die enthaltenen Subkriterien pro Land aggregiert. Die folgende Grafik zeigt das Ergebnis der Analyse für die Länder China, Mexiko und Deutschland auf Basis der zugrunde gelegten Gewichtungen und Bewertungen.

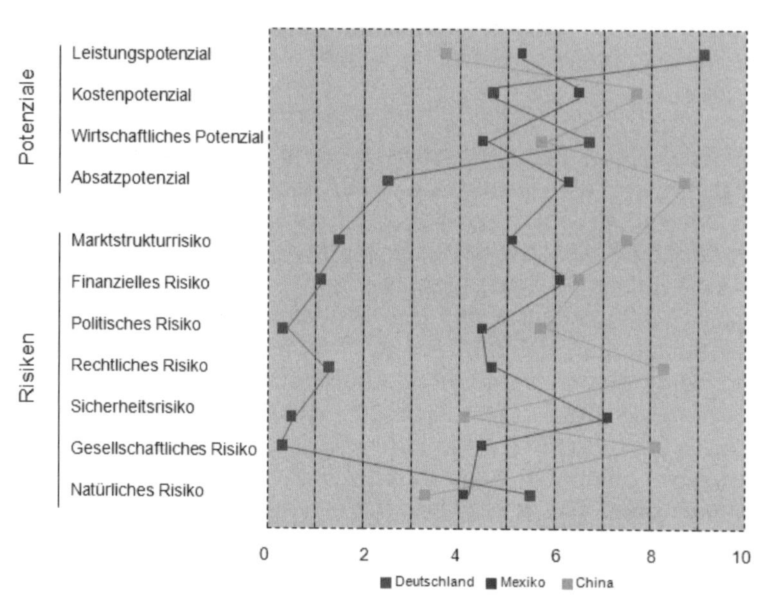

Abbildung 19: Ergebnis der Beschaffungsmarktanalyse

In der Interpretation des Ergebnisses für China sollen die strukturellen Möglichkeiten der Analysemethode aufgezeigt werden. Es zeigt sich, dass im Vergleich der Wachstumsmarkt China die größten Potenziale wie auch die höchsten Risiken aufweist. Aufgrund der hohen Bevölkerungszahl ist China zugleich ein sehr interessanter Absatzmarkt. Betrachtet man zunächst nur die Potenziale von Deutschland und China, wird deutlich, dass beide komplementäre Rollen einnehmen. In der Tat versuchen deutsche Firmen den Absatzmarkt und das geringe Lohnniveau in China zu nutzen, um Leistungen und Technologieprodukte anzubieten, für die das Know-how im Markt selbst noch nicht vorhanden ist.

Hierbei müssen Unternehmen jedoch auch hohe Risiken in Kauf nehmen. Besonders auffällig ist das bestehende rechtliche Risiko, was mehrheitlich eine besondere Herausforderung darstellt. Zurzeit sind die rechtlichen Möglichkeiten zum Schutz des geistigen Eigentums (IPR – Intellectual Property Rights) noch beschränkt und stellen daher eine hohe Eintrittsbarriere dar. Produktfälschungen sind oftmals nur schwer vom Original zu unterscheiden, weisen jedoch ein deutlich geringeres Qualitätsniveau auf. Dies kann zu Verwechslungen führen und dem Imageschaden. Weitere Defizite bestehen vor allem bei gesellschaftlichen und politischen Kriterien. Hier machen sich u. a. nicht vollumfänglich gewährleistete Menschenrechte oder sehr eingeschränkte Medienfreiheit bemerkbar. Die starken Abweichungen in den Denkmustern der chinesischen und westlichen Welt, neben politisch-rechtlichen sowie soziokulturellen Rahmenbedingungen, führen zu einem hohen Beschaffungsrisiko, dessen man sich zumindest bewusst sein sollte. Finanzielle Risikomerkmale und Marktstrukturrisiken hingegen beruhen auf der mangelhaften Logistik- und Verkehrsinfrastruktur und der geografischen Erschließung des Landes. Durch künftige Investitionen und die zu erwartende Stabilisierung der Wirtschaft können diese Risiken mittelfristig reduziert werden.

Daten:

- The Economist (2005), Pocket World in Figures, London 2005
- CIA - The World Fact Book, http://www.cia.gov/cia/publications/factbook
- IDW - Institut der deutschen Wirtschaft Köln, Pressemitteilung Nr. 32, Arbeitskosten, 9. August 2005
- Harvard Business Review – HBR (2005), Strategies that fit emerging markets, Issue 6, June 2005

3.5 Internationale Beschaffungslogistik

Der Begriff internationale Beschaffungslogistik umfasst die wirtschaftliche (kostenorientiert) und optimale (prozessorientiert) Versorgung des Unternehmens mit Rohstoffen und Gütern im internationalen Umfeld. Zur Erfüllung dieser komplexen Aufgabe ist ein enges und gut abgestimmtes Zusammenwirken der Bereiche Beschaffungsmarketing, Einkauf, Disposition und Transportlogistik, unter Einbeziehung der globalen Lieferantenbasis notwendig. Die organisatorische Einbindung dieser Aufgabenbereiche in die Aufbau- und Ablauforganisation eines Unternehmens sowie die Definition dieser Funktionen und Verantwortlichkeiten (Materialwirtschaft, Logistik, Einkauf etc.) hängen von der Ausrichtung und dem Stellenwert der jeweiligen Aufgabenbereiche im Unternehmen ab.

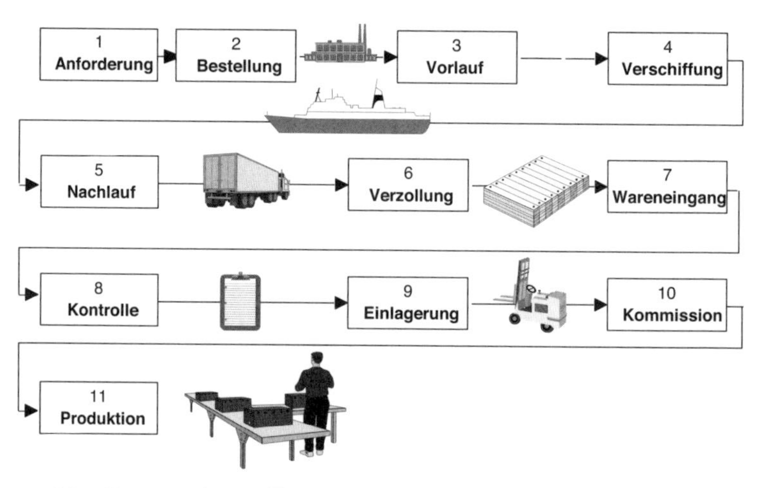

Abbildung 20: Prozesskette Transportlogistik

Anzahl und Menge der internationalen Warenströme haben in der vergangenen Zeit starke Zuwachsraten erfahren. Im Rahmen der zunehmenden Internationalisierung und Globalisierung werden wir mit weiteren Steigerungsraten zu rechnen haben. Dieser Zuwachs des Warenstroms setzt natürlich einen Ausbau der dafür notwendigen Infrastrukturen, Transportkapazitäten und Transportwege voraus. Für die hier vorgestellten interkontinentalen Transporte bieten sich im Allgemeinen drei Alternativen an:

- Seefracht
- Luftfracht und
- der kombinierte See- und Luftfracht-Verkehr

Der jeweilige Einsatz dieser Verkehrsträger in Abhängigkeit der Anforderungen und ihrer Vorteile wird im Nachfolgenden verdeutlicht. Zu den zu berücksichtigenden Kriterien, die die Vor- und Nachteile der verschiedenen Transportmöglichkeiten herausstellen, gehören die Transportzeit (Transitzeit), -zuverlässigkeit, -kosten, Versicherungskosten, Kapitalbindungsdauer und sowie die damit verbundenen Kapitalbindungskosten.

Die Seefracht

Der größte Teil aller Güter im heutigen Welthandel wird mit dem Schiff transportiert. Ausschlaggebend für die Seeschifffahrt sind die niedrigen Transportkosten. Ein Nachteil ist die relativ lange Transportzeit. Mit den modernen Containerschiffen sind heute folgende Transportzeiten (Hafen zu Hafen) erreichbar:

- **ASIEN - EUROPA** ca. 20 - 40 Kalendertage
- **EUROPA - NORDAMERIKA** (Ostküste) ca. 11 - 12 Kalendertage
- **ASIEN - NORDAMERIKA** (Westküste) ca. 20 - 22 Kalendertage

Zu diesen Zeiten sind ca. 10 Kalendertage für die Vor- und Nachlaufzeit hinzuzufügen.

Die häufigste und heutzutage gewöhnlichste Form ist die Containerschifffahrt. Zu unterscheiden sind hierbei die 20´und 40´Container, die international genormt sind. Heutige Großraumschiffe können bis zu 8.000 Container mit einer Sendung über die Meere befördern. Die nächste Generation von so genannten Mega-Containerschiffen kann bis zu 13.000 Container (20') laden. Wegen ihrer Größe können sie allerdings nicht mehr den Panama-Kanal befahren.

Die reinen Frachtkosten der Container sind mit festen Sätzen angegeben. Die Berechnung der Frachtkosten erfolgt nach Volumen oder Gewicht, wobei jeweils die größere Maßeinheit abgerechnet wird.

Luftfracht

Bei der Luftfracht ist die Schnelligkeit des Transports der hervorzuhebende Vorteil. Die Waren werden dem Empfänger schnell zur Verfügung gestellt. Hinzu kommen die relativ hohe Frequenz der Flüge, eine hohe Liefergenauigkeit und hohe Zuverlässigkeit. Weitere Vorteile sind das geringe Transportrisiko und eine leichtere Verpackung der Ware, die durch den erschütterungsfreien Transport und durch zwangsläufig sorgfältige Behandlung des Gutes ermöglicht wird. Durch die Schnelligkeit können die Kapitalbindungsdauer verkürzt und die damit verbundenen Kapitalbindungskosten vermindert werden. Des Weiteren vermindern sich die Versicherungs- und

Verpackungskosten. Diese Kostenvorteile können die hohen Transportkosten in vielen Fällen aufwiegen, dies ist besonders bei kostenintensiven Materialien (elektronische Bauelemente und Baugruppen, Leiterplatten etc.) der Fall. Von besonderer Bedeutung im Luftfrachtverkehr ist die Transportverpackung. Hier gilt es, ein Optimum an Stabilität und Volumen zu erzielen. Jeder Kubikzentimeter „verpackte Luft" verursacht nicht zu unterschätzende zusätzliche Transportkosten. Die Frachtkosten werden bei der Luftfracht pro Kilogramm Bruttogewicht berechnet.

Die Transportzeiten bei der Luftfracht betragen in der Regel 2-3 Tage, zuzüglich 2-4 Tage für die Vor- und Nachlaufzeit.

Der kombinierte See-Luftfracht-Verkehr (Sea/Air)

Der Sea-Air-Versand stellt eine Kombination der beiden bereits erwähnten Transportarten dar. Unter dem Motto „Doppelt so schnell wie Seefracht, halb so teuer wie Luftfracht" werden Sendungen von Fernost an die USA-Westküste, in den arabischen Golf oder nach Kanada per Container verschifft und von dort per Luftfracht in die europäischen Wirtschaftszentren geflogen. Unpaarige Verkehrsrelationen, das steigende Interesse an gegenüber dem reinen Seeverkehr kürzeren, aber zuverlässigen Transferzeiten in Verbindung mit kleineren Liefermengen und höheren Lieferfrequenzen (siehe JIT), die vergleichsweise attraktiven Ratenmischsätze und der Einsatz intermodularer Ladeeinheiten haben zu einem starken Wachstum der Sea-Air-Verkehre geführt.

Die Spediteure übernehmen hierbei die Beförderungspflicht für den gesamten Transport, optimieren Laufzeiten und regeln die Haftung. Einige Speditionen haben sich schon auf den Bereich des Sea-Air-Transportes aus dem Fernen Osten spezialisiert. Als Drehscheiben für Sea-Air-Dienste haben sich vor allem Häfen an der nordamerikanischen Westküste (Seattle, Portland, Los Angeles, Vancouver) sowie im Nahen Osten (Dubai, Abu Dhabi, Kuwait) etabliert.[5] Die Versanddokumente müssen hierbei der Spedition zur Verfügung stehen, da sie die Waren bei den Zwischenstopps in Empfang nehmen können muss. Bei dieser Versandart werden die Frachtkosten auch per Kilogramm Bruttogewicht abgerechnet.

---

[5] Ihde, Gösta B.; Transport, Verkehr, Logistik, 2. Völlig überarbeitete und erweiterte Auflage, München 1991, Seite 88.

Incoterms (International Commercial Terms)

Die Incoterms regeln klar und systematisch den Kosten- und Gefahrenübergang und die damit verbundenen Rechte und Pflichten von Käufer und Verkäufer.[6] Hierbei ist zu beachten, dass der Kosten- und der Gefahrenübergang nicht am selben Ort erfolgen müssen. Daher ist hier eine Unterscheidung zwischen den so genannten Ein-Punkt-Klauseln (an einem Ort) und den Zwei-Punkt-Klauseln (Kosten- und Gefahrenübergang an verschiedenen Orten) zu treffen. Die insgesamt 13 Lieferklauseln können in vier Gruppen eingeteilt werden. Bei der nachfolgend aufgezeigten Tabelle zeigt sich, dass die Pflichten des Verkäufers in der jeweils nächsten Gruppe von Incoterms zunehmen und die des Käufers abnehmen.[7] Nachfolgend die gängigsten Incoterms-Begriffe:

- EXW Ex Works
- FOB Free On Board
- CIF Cost, Insurance and Freight
- DDU Delivered Duty Unpaid
- DDP Delivered Duty Paid

Weitere Details finden Sie in dem Buch:
Brednow/Seiffert, INCOTERMS 2000, Economica Verlag, Heidelberg 2000

Was kostet ein kg Fracht – Transportkosten von und nach Asien

Was kostet ein kg Fracht von Shanghai oder Singapore nach Hamburg oder Frankfurt? Was sind die durchschnittlichen Laufzeiten einer Warensendung von und nach Asien? Diese und ähnliche Fragen werden häufig gestellt. Fragt man ein Transportunternehmen, so bekommt man die Antwort: „Es kommt darauf an: Welcher Zeitpunkt, welche Mengen, genaue Angaben zu den zu befördernden Gütern, Entsendehafen, geografische Lage des Empfängers und vieles mehr.“ Häufig genügt dem Einkäufer und Logistiker jedoch ein durchschnittlicher Wert, um eine Vorkalkulation betreiben zu können. Doch wie erhalte ich diese Werte? Die Firma Global Procurement Services (www.gps-logistics.com) mit seinem Logistikpartnern Mueller & Partner in Fulda konnte in den letzten Jahren entsprechende Erfahrungen sammeln, um diese Fragen beantworten zu können.

---

[6] Altmann, J.: Außenwirtschaft für Unternehmen, Stuttgart 1993, S. 286.
[7] Altmann, J.: Außenwirtschaft für Unternehmen, Stuttgart 1993, S. 340.

Nachfolgend einige Durchschnittswerte für diese Transportwege:

Transportart	Kosten pro kg	Durchlaufzeit	Notiz
Seefracht	0,13 – 0,18 USD	6 Wochen	20'-Container
Luftfracht	2,50 – 4,50 USD	1 Woche	~ 500 kg Sendung
See/Luft	2,50 USD	3 Wochen	See bis Dubai, dann Luftfracht

Anmerkungen:

Alle Kosten beinhalten die Vor- und Nachlaufkosten (bei Seetransport bis zu 50% der reinen Containerkosten); ohne Kosten für Zoll und mögliche Standzeiten bei Containerverschiffung. Bei der Disposition und den Durchlaufzeiten sind saisonelle Besonderheiten wie Weihnachten, Chinese New Year etc. besonders zu berücksichtigen, da in diesen Zeiten Frachtraum Mangelware ist.

Als durchschnittlicher Wert bei den Transportkosten (normales Gewichts-/-Volumen-Verhältnis vorausgesetzt) kann ein Wert von 3–4 % vom Einkaufspreis zugrunde gelegt werden. Ferner kommen noch ca. 2–7 % durchschnittliche Kosten für den Einfuhrzoll in die europäische Gemeinschaft hinzu. Die Kosten basieren auf einer durchschnittlichen Containerrate von rund 1.600 USD (die Werte können hierbei zwischen 900 und 2.500 USD schwanken) pro 20'-Container (FCL) und zusätzlicher ca. 50 % Vor- und Nachlaufkosten. Übrigens liegen die Kosten beim Versand nach Asien bei nur ca. 1/3 der Kosten (Vor- und Nachlaufkosten jedoch unverändert).

Die gängigsten Preisstellungen bei Angeboten und Bestellungen aus Asien sind:

- **FOB** – Free on Board
- **CIF** Hamburg/Rotterdam – Transport und Versicherung bis Entladestelle in Hamburg bzw. Rotterdam

hin und wieder auch

- **DDU** – Delivery, Duty unpaid - Frachtkosten bis zum Kunden durch Lieferanten, ohne Zoll)

3.6 *Planung von Reisen und Sitzungen*

Ein wichtiger Aspekt bei den ersten Planungen ist, dass das Management überzeugt ist, sich für die richtige Strategie, auf der Basis von Global Sourcing, entschieden zu haben. Dazu kommt ein weiterer wichtiger Punkt, und zwar die gute Überzeugungsarbeit des Managements, damit alle Mitarbeiter von sich aus diese Strategie akzeptieren bzw. übernehmen können. Erst wenn dies zu 100 % klappt, kann aus voller Überzeugung diese Strategie verfolgt und mit Erfolg angewendet werden. Wenn die vorher aufgeführten Sourcing-Aspekte berücksichtigt wurden, ist es möglich, weitere Planungen anzusetzen, die dann zu einem Besuch der ausgewählten Lieferanten führen. Die Vorbereitungen sollten sehr detailliert durchgeführt und vom Management überwacht werden. Durch diese intensive Vorbereitung und Involvierung des gesamten Teams über alle anstehenden relevanten Themen wird die Reisevorbereitung gestartet. Auch hier sollte bereits über die Reiseroute, die Hotels, die Reisedauer und anstehende Meetings mit den Lieferanten detailliert diskutiert und diese festgelegt werden. Auch sollte bestimmt werden, wer aus dem Team die Reise antritt und wer vom Team daheim die oft anstehenden Probleme aufnimmt und das reisende Team in diesen Punkten voll und im festgelegten Zeitrahmen unterstützen kann. Ein weiterer wichtiger Aspekt sollte die Verhandlungsstrategie mit den einzelnen selektierten Lieferanten sein. Die folgenden Punkte geben einen Überblick über die relevanten Themen dazu:

- Reiseplanung und -ablauf
- Agenda-Erstellung
- Sitzungsteilnehmer
- Präsentationen
- Sitzungsstrategie und -ablauf
- Zusammenfassung der Ergebnisse (wrap up)
- zukünftige Planung

Ein neuer Lieferant wird besucht. Was ist zu berücksichtigen und was ist zu planen?

Bevor der Besuch erfolgt:

Klärung

- welches Land
- welche Sprache
- Informationen über Konsulate/Botschaften
- politisches und wirtschaftliches Umfeld

- stabile Geschäftssituation
- Organisationsstruktur
- Produktpalette
- Qualität
- Kosten
- Besuchs- und Zeitabstimmung mit Lieferanten
- detaillierte Reiseplanung
- Planung von mehreren Lieferanten
- Erarbeitung einer vorläufigen Agenda mit allen Topics und Time Schedule
- Anfrage, welche Teilnehmer
- Bestätigung des Besuches
- Dokumentenerstellung inkl. Präsentationen auf PC

Beim Besuch:

Festlegung des Tagesablaufs

Vorschlag einer Agenda, die mit der besuchten Firma abgestimmt und angepasst werden kann.

Visitenkartenaustausch

Da erkennt man, wie wichtig der zukünftige Lieferant/Partner den Besuch nimmt (Teilnahme von z.B. Präsident/Vize-Präsident, General Manager, Direktor).

Begrüßung

Der Lieferant stellt sich vor

- Produktpalette
- Organisation/Bilanz/Umsatz/finanzielle Lage
- Technische Know-how-Entwicklung
- Fertigung und Qualität
- andere potentielle Kunden

Der Besucher stellt sich vor

- was machen wir und wie sind wir organisiert
- was ist unsere Strategie
- gewünschtes Lieferantenverhältnis

Was sind unsere Voraussetzungen und Anforderungen an den Liefe-ranten:

- Forschung und Entwicklung (Roadmap)
- Fertigungstiefe
- Qualitätssicherung
- gesunde finanzielle Lage
- Flexibilität
- Kapazität
- JIT-Lieferung
- Defect Rate < 10ppm
- Technology Roadmap
- Erfahrung Umwelt- und Sicherheitszertifizierung TÜV, UL, CSA etc.
- periodische technische Meetings

Firmenbesichtigung

- alle Bereiche werden besichtigt
- Gebäude, Lager
- alle Arbeitsvorgänge vom Wareneingang bis Warenausgang

Beim Rundgang heißt es Augen auf und Notizen machen

- wie ist die allgemeine Ordnung/Sauberkeit
- Arbeitsablauf - Durchlaufzeiten
- Produktpalette
- Einrichtungen, Messgeräte, Automatisierung
- Testtiefe, Inspektionen
- mit Mitarbeitern reden
- an wen wird geliefert
- derzeitige Auslastung
- was wird derzeit entwickelt
- Qualitätsprozesse
- Abnahmekriterien
- Out-of-Box-Qualität

Bewertung mit Ja oder Nein

Wenn Nein, dann wird über die Eindrücke geredet und Vorschläge werden unterbreitet, was alles zu implementieren wäre, um mit uns ins Geschäft zu kommen.

Eine klare Aussage spart beiden Seiten viel Zeit.

Bei einem positiven Eindruck werden Gespräche intensiviert und detailliert über das zu liefernde Produkt diskutiert.

- technische Details
- Spezifikation
- Qualitätsanforderungen
- Abnahmebedingungen
- Entwicklungskosten
- notwendige Werkzeuge (eigen/fremd)
- Kosten (wenn möglich Zielkosten angeben)
- Offenlegung von Kalkulationen

Bei den Verhandlungen über die technische Spezifikation sollten schon vor der Sitzung die wichtigsten Parameter und Paragraphen fixiert sein, die unbedingt erfüllt werden müssen. Demnach sollten die Verhandlungsführer Punkt für Punkt analysieren, was als sehr wichtig oder als weniger wichtig einzustufen ist. Die Verhandlungstechnik wird dann basierend auf diesen Annahmen ansetzen, z.B. man gewährt dem Lieferanten zwei oder drei unwichtige Punkte und erwähnt dann nebenbei dass nun die nächsten ein oder zwei Punkte für unsere Seite akzeptiert werden müssten (die aber für uns sehr wichtig sind), um das Verhandlungsgleichgewicht wiederherzustellen. In dieser Reihenfolge könnten dann die gesamten Parameter und Paragraphen der Spezifikation abgearbeitet werden.

Dies setzt aber voraus, dass die Verhandlungsführer sehr gut mit den Technikern abgestimmt sind und auf Zeichen oder Bemerkungen sofort reagieren. Die Spezifikationsverhandlungen sollten wenn möglich am gleichen Tag Zug um Zug abgeschlossen werden, damit über Nacht aufkommende Zweifel des Lieferanten den gesamten Ablauf und die Ergebnisse vom vorhergehenden Tag nicht beeinflussen können. Bei harten Verhandlungen ohne Fortschritt sollte auch mit Abbruch gedroht werden (wenn notwendig ein simulierter Pro-forma-Abbruch), um das festgelegte Ziel zu erreichen.

Es wäre auch sinnvoll, wenn zwei Verhandlungsführer, ein Sourcing- und ein Technik-Manager, sich abstimmen und einer den „Good Guy“ und der andere den „Bad Guy“ spielen, um ein interessantes und erfolgreiches Verhandlungsmuster zu generieren. Dieses Verhandlungsmuster muss aber vorher trainiert und sehr genau abgestimmt werden, damit der geplante Verhandlungserfolg einritt. Das gleiche Schema kann bei allen Verhandlungen, ob bei technischen, kommerziellen oder vertraglichen Punkten, herangezogen werden.

Bei der Angebotserstellung des Lieferanten müssen mindestens die Kosten für Erstmuster- und Serienlieferung (Learning-Curve-Effekt mit einplanen) detailliert ausgearbeitet sein und sollten die unten aufgeführten Mindestangaben enthalten.

Mindestangaben:

- Materialkosten
- Lohnkosten
- Lieferungsmodus

Der beste Weg wäre, wenn der Lieferant zustimmen würde, seine Gesamtkosten in einem Open Book transparent offenzulegen.

zu erwartende Angaben:

- Materialkosten
- Lohnkosten
- allgemeine Unkosten
- Profit
- Lieferkosten je nach Liefermodus

Durch dieses Entgegenkommen wäre der Kunde bereit, sein Know-how mit einzubringen, um die Gesamtkosten weiter reduzieren zu können. Dieses Ergebnis würde dann in eine enge Zusammenarbeit zwischen Lieferant und Kunde einmünden, was später in eine Allianz bzw. Partnerschaft übergeführt werden kann.

Messbare und nicht messbare Faktoren der Lieferantenbewertung

Hier einige interessante Punkte zur Thematik der Fragetechnik:

Nutzen

- Warum glauben Sie, ist Ihr Angebot für unser Haus wertvoll?
- Welche Vorteile bringt uns Ihr Angebot gegenüber dem Wettbewerb?
- Können Sie uns qualitative Alternativvorschläge unterbreiten?
- Können Sie bei Rahmenaufträgen günstiger anbieten?
- Wie lange halten Sie sich an Ihr Angebot?
- Welche Investitionen sind bei Ihnen in Planung?
- Wie stehen Sie zu gemeinsamen Entwicklungen?
- Welches Budget planen Sie für Ihre Forschung?
- Welche Vorteile bietet Ihr Produkt gegenüber der Konkurrenz?
- Wie sieht Ihr Maschinenpark aus?

- Welche Einsparungen sind möglich?
- Was unternehmen Sie, um uns eine optimale Betreuung zu bieten?
- Welche Vorteile bietet die Zusammenarbeit mit Ihrer Firma?
- Welche Vorteile können Sie uns in technischer Hinsicht bieten?
- Wie steht es mit Ihrem Service und Kundendienst?
- An welchen für uns interessanten Neuentwicklungen arbeiten Sie?
- Welche innovativen Produkte können Sie uns bieten?
- Worin liegen Ihre besonderen Stärken gegenüber dem Wettbewerb?
- Welche Vorteile bieten Sie?
- Wie ist Ihre Leistungsfähigkeit?
- Was bieten Sie mehr als Ihr Wettbewerber?
- Welche Bezugsquellen schöpfen Sie aus?
- Durch welchen Nutzen, den Sie uns bieten wollen, können wir gegenüber der Konkurrenz einen Vorteil erlangen?

Markt

- Wie groß ist Ihre Kapazität, die uns regelmäßig zur Verfügung steht?
- Rechnen Sie in diesem Jahr mit weiteren Wettbewerbern?
- Wie hoch ist Ihr Marktanteil?
- Wie hoch schätzen Sie den Marktanteil ausländischer Wettbewerber?
- Wer ist noch am Markt, um meine Kosten zu senken? Ich suche neue Partner.
- Schulen Sie regelmäßig Ihr Personal?
- Erläutern Sie bitte kurz Ihre Firmenstruktur bzw. Organisation.
- Können wir neue Märkte (Teilbereiche) zusätzlich erschließen?
- Welche Marktbedeutung hat Ihr Unternehmen zu vergleichbarem Wettbewerb?
- Was unternehmen Sie zur Erhaltung der Wettbewerbsfähigkeit?
- Welchen Marktanteil streben Sie an?
- Liefern Sie an viele Branchen?
- Mit welchen namhaften Unternehmen kooperieren Sie?
- Wen bezeichnen Sie als Ihre Hauptkonkurrenten?
- Können Sie uns Referenzen vorlegen?
- Was erwarten Sie sich von einer Geschäftsverbindung mit uns?

Zuverlässigkeit

- Welche konkreten Zusicherungen bezüglich der Termintreue können Sie uns geben?
- Durch welche besonderen Maßnahmen können Sie uns bei

marktbedingten Lieferengpässen helfen?
- Gibt es für Ihre Zuverlässigkeit Referenzen?
- Wie viele Servicestellen unterhalten Sie?
- Was können Sie unternehmen, um die Lieferzeit noch zu verkürzen?
- Wie flexibel ist Ihre Fertigung?
- Wie sind die Erfahrungen?
- Wie flexibel sind Sie bei der Beschaffung von Ersatzteilen?
- Wie sehen Sie den Begriff Termintreue?
- Welche Stellung nimmt die Qualitätssicherung in Ihrer Firmenorganisation ein?
- Sind Sie bereit, Konventionalstrafen bei Lieferverzug terminlich und qualitativ zu akzeptieren?
- Wie prüfen Sie Ihre Produkte?
- Wie bearbeiten Sie Reklamationen?
- Wären Sie bereit, einen Sicherheitsbestand anzulegen?
- Was tun Sie, um das bisherige Qualitätsniveau noch zu verbessern?
- Welche Life-Tests führen Sie durch?
- Wie flexibel können Sie auf Auftragsänderungen reagieren?
- Haben Sie ausreichende Maßnahmen zur Sicherung der Zuverlässigkeit Ihres Produktes getroffen?

Bemerkung

Dies sind nur einige Fallbeispiele, wie bei einem neuen möglichen Lieferanten der Besuch abgewickelt werden kann, wobei zu beachten ist, dass je nach Sparte bzw. Branche eine individuelle Anpassung oder Ausarbeitung notwendig ist. Vorschläge, wie man sich bei Verhandlungen zu verhalten hat, sind unter den 10 goldenen Regeln der Verhandlungstechnik im Anhang unter Checklisten und Tipps aufgeführt. Weitere Informationen über die Topics:

- Reiseplanung und -ablauf
- Agenda-Erstellung und mögliche Sitzungsteilnehmer
- Präsentationen
- Zusammenfassung der Ergebnisse und zukünftige Planung

sind mit Beispielen detailliert im Anhang unter Checklisten und Tipps aufgeführt.

4.0 Risk Management

Im Bereich des International Procurement oder Global Sourcing ist das Kosten- und Unternehmensrisiko nicht unerheblich. Vielen Unternehmen sind in den letzten Jahren aufgrund falscher Entscheidungen und fehlender Kontrollmechanismen nicht unerhebliche Kosten entstanden. Den Vorteilen des internationalen Einkaufs stehen nicht zu unterschätzende Risiken gegenüber. Nachfolgend sei auf einige bedeutende Risikofaktoren hingewiesen:

- Rechtsnormen/Vertragssicherheit
- Lieferanten- und Qualitätsrisiko
- Währungsrisiko
- Länderrisiko und -rating
- Technologieverlust
- Logistik/Flexibilität
- Effektivität und Performance

Dies sind nur einige Punkte, die in einer fundierten und professionellen Global-Sourcing-Strategie rechtzeitig Berücksichtigung finden sollten. Um Entscheidungsprozesse vor dem Hintergrund einer Global-Sourcing-Entscheidung für das Unternehmen in ihrer gesamten Komplexität transparent, weitgehend objektiv und kalkulierbar darzustellen, müssen entsprechende Instrumentarien geschaffen und installiert werden. Das Risk und Contract Management besitzt leider in vielen Unternehmen noch nicht den Stellenwert, den es aufgrund seiner Bedeutung eigentlich haben sollte. Erst wenn die ersten negativen Erfahrungen gesammelt wurden, ist der Ruf nach Alternativen und entsprechenden Vorsorgemaßnahmen angesagt.

Die Erfahrungen in der Zusammenarbeit mit weit über 100 Firmen in den letzten Jahrzehnten haben gezeigt, dass in vielen Unternehmen das Thema Risk und Contract Management, besonders im internationalen Bereich, sträflich vernachlässigt wird. All die Bedingungen und Voraussetzungen, die im Umgang mit europäischen Lieferanten gelten, sind nur sehr bedingt international anwendbar. Ferner bietet der internationale Einkauf besondere Eigenheiten, die in dieser Form oder Dimension im nationalen/europäischen Beschaffungsbereich nicht auftreten. Denken wir hier nur an die erhöhten Gefahrenpotenziale durch höhere Logistik- und Nacharbeitskosten, Vertragssicherheit oder der Verlust von Technologien (Stichwort: Know-how-Schutz und Copyright-Verletzungen).

4.1 Das Total Cost of Ownership Concept (TOCO)

Im Rahmen der zunehmenden Internationalisierung des Beschaffungsmarktes (Global Sourcing), verbunden mit einer zunehmenden Verlagerung von Produktionsanteilen nach außen (Outsourcing), verlangen Unternehmen Instrumentarien und Entscheidungsprozesse, die das Risiko von Fremdbezügen, besonders dann, wenn sie vor dem Hintergrund Global Sourcing zu betrachten sind, in ihrer gesamten Komplexität transparent, weitestgehend objektiv, reproduzierbar und kalkulierbar darstellen. Das Kosten- und Unternehmensrisiko ist im Rahmen einer Global Sourcing Entscheidung nicht unerheblich. Viele Unternehmen sind in den letzten Jahren aufgrund falscher Entscheidungen und fehlender Kontrollmechanismen in den Konkurs getrieben worden.

Der Total-Cost-of-Ownership(TOCO) Ansatz ist Teil der Prozesskostenbetrachtung. Prozesskosten ergeben sich aus der Addition und Bewertung sämtlicher Aktionen und Kostenelemente, die ein Prozess umfasst. Voraussetzung ist eine nach Prozessen und nicht nach Funktionen ausgerichtete Betrachtungsweise. Die Prozesskostenrechnung ermöglicht somit die Beurteilung der Wirtschaftlichkeit eines Geschäftsvorgangs, in unserem Fall die Lieferantenauswahl und der Stückkostenvergleich. Treiber dieser Art der Kostenrechnung ist die Identifikation von kritischen Kostenfaktoren bei der komplexen Auswahl von neuen Lieferanten, besonders unter dem Aspekt Global Sourcing und strategische Lieferanten sowie der objektiven Beurteilung von Angebotspreisen.

Eines dieser Kontrollmechanismen ist die Gesamtkostenbetrachtung und Vollkostenanalyse im Rahmen einer Lieferantenauswahl und -bewertung nach dem Total-Cost-of-Ownership-Konzept.

Die Grundlage des TOCO-Konzeptes bilden:

die ***mikroökonomische Entscheidungsebene***, die alle quantitativen und qualitativen Faktoren hinsichtlich des Lieferanten (Vollkostenanalyse als *quantitative Betrachtungsweise* und Lieferantenauswahl und -bewertung als *qualitative Betrachtungsweise*) analysiert, und

die ***makroökonomische Entscheidungsebene***, die das erweiterte Beschaffungsumfeld (Länderrisiko, Marktbedingungen etc.) berücksichtigt.

In der TOCO-Betrachtung wird der Versuch unternommen, neben einer Vollkostenanalyse, die sämtliche direkten und indirekten Kostenfaktoren erfasst, das gesamte Lieferantenumfeld bis hin zum Wettbewerbsmarkt und den Beschaffungsländern zu analysieren und zu bewerten.

MIKROÖKONOMISCHE BETRACHTUNGSWEISE	MAKROÖKONOMISCHE BETRACHTUNGSWEISE
QUANTITATIV	QUALITATIV
VOLLKOSTENANALYSE	LÄNDERRISIKO
LIEFERANTENBEWERTUNG	MARKTBEDINGUNGEN

Abbildung 21: Mikro- und makroökonomische Entscheidungsebene

Mikroökonomische Entscheidungsebene

Konzentrieren wir uns zunächst auf die Vollkostenanalyse, die *quantitative Betrachtungsweise*, innerhalb der *mikroökonomischen Entscheidungsebene.* Diese Betrachtung umfasst alle wesentlichen Einflussgrößen, die mit den direkten und indirekten Kosten der Lieferantenauswahl und der Beschaffung verbunden sind.

Die einzelnen Einflussgrößen und deren Stellenwerte sind unternehmensspezifisch. Als *typische und klassische Kostenfaktoren* können folgende Parameter angeführt werden:

- *Bezugspreis des Herstellers* (FOB-Preis)
- *Zahlungsbedingungen* (Netto, Skonto, Letter of Credit etc.)
- *sowie Zoll- und Transportkosten*

Die Berücksichtigung dieser direkten Beschaffungskosten allein ist nicht ausreichend besonders nicht im internationalen Umfeld, vielmehr muss eine gesamtheitliche Beurteilung angestrebt werden.

In der Vollkostenanalyse nach dem TOCO-Konzept werden auch die *erweiterten und indirekten Kostenfaktoren* berücksichtigt, nachfolgend eine Auflistung:

DIREKTE KOSTENFAKTOREN

- Herstellkosten
- Kosten für Verpackung und Fracht
- Zoll
- Zahlungsbedingungen

INDIREKTE KOSTENFAKTOREN

- Werkzeugkosten
- Testkosten
- Qualitätskosten
- Mehrkosten durch Lieferterminabweichungen
- Garantiezeitbewertung
- Entsorgung / Recyclingkosten
- Lieferantenunterstützung
- Fehlerverhütungskosten
- Serienanlaufkosten
- Kapitalbindungskosten (Lagerkosten, Finanzierungskosten etc.)

Der Auflistung ist zu entnehmen, dass es sich bei dieser Kostenanalyse um mehr als einen einfachen Preisvergleich handelt. In Zielrichtung eines Beschaffungscontrollings werden hierbei die indirekten und zumeist abteilungsübergreifenden Kostenelemente quantitativ und monetär erfasst und bewertet. Gewichtung und Auflistung der einzelnen Faktoren sind variabel und müssen den Bedürfnissen des jeweiligen Unternehmens und Produktes angepasst werden.

Makroökonomische Entscheidungsebene

Auf der makroökonomischen Entscheidungsebene werden alle indirekten Kosteneinflüsse wie Länderrisiko, Produktlebenszyklus, Kostenstruktur, Marktpreise und Marktbedingungen berücksichtigt und bewertet.

4.2 Länderrisiken

Bei Beschaffungsvorgängen im internationalen Umfeld ist eine Risikobewertung des potenziellen Beschaffungslandes von wesentlicher Bedeutung. Informationen wie:

- Lohnentwicklung
- Inflation
- Wechselkurse
- Außenhandelsbilanz
- Bruttosozialprodukt
- Infrastruktur
- politische Risiken

sind zu berücksichtigen und aufgrund dynamischer Prozesse ständig abzugleichen (siehe auch Kapitel 3.4 Länder- und Lieferantenbewertungen).

4.3 Risiko-Analyse

Die Risiko-Analyse im Geschäftsbereich gehört zu den fundamentalen Elementen und hat zwei Hauptpunkte zu berücksichtigen:

Geschäftsrisiko - Änderungen im Bereich der Geschäftsfelder/Geschäftsumgebung

- Marktveränderung
- Absatzveränderungen
- Wettbewerbseinflüsse
- Vertriebsprobleme (Anzahl der Mitarbeiter und Ausbildung)
- Outsourcing-Aspekte

Projektrisiko - Nichteinhaltung von Projektterminen und Kosten

- Lieferanten- und Sourcing-Aspekte
- Know-how und Anzahl der Mitarbeiter
- Organisationsstrukturen
- Produkt Spezifikationsauslegung und Umsetzung
- Einfluss von innovativer Technologie auf Zeit/Kosten/Qualität/ Zuverlässigkeit/Zertifizierung

Alle Bereiche und Mitarbeiter eines Unternehmens, die in ein bestimmtes Projekt involviert sind, haben die Aufgabe, die Risikofaktoren zu listen und der Leitung mitzuteilen. In einem definierten Risk-Prozess kann dann eine

Analyse durchgeführt und können die notwendigen Schritte eingeleitet werden. Es ist sehr wichtig und muss den Mitarbeitern nahegebracht werden, dass eine Risikovermeidung basierend auf Glück falsch ist und nur das gesamte Geschäft gefährdet. Dies kann den Mitarbeitern in Seminaren an gut definierten Fallbeispielen vorgetragen und vermittelt werden. Folgende Prozessschritte sollten daher eingeführt und strikt befolgt werden:

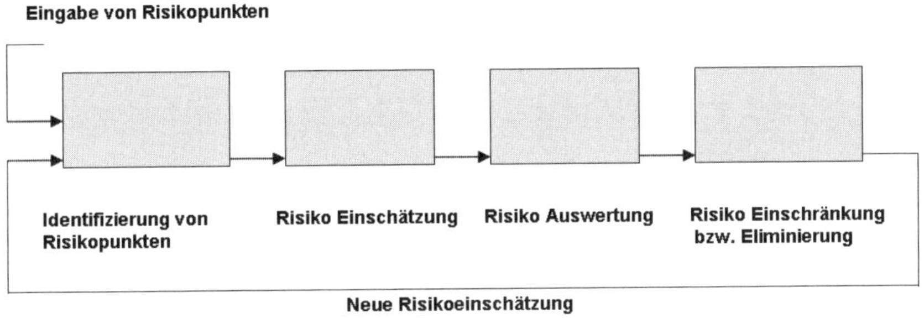

Abbildung 22: Regelkreislauf Risikoeinschätzung

Die herausgefundenen Risikofaktoren sollten gelistet und Schritt für Schritt überwacht und in definierten Aktionen abgearbeitet werden. Eine Überprüfung durch das Management muss durch eine transparente Darstellung der Risikoeinstufung und der angesteuerten Lösung gewährleistet sein, um die Geschäftsziele wie geplant realisieren zu können.

Das Risiko-Formular sollte folgende Punkte aufzeigen:

- Titel
- laufende Registrierungsnummer
- Eingabedatum
- Einbringer
- Welches Projekt ist betroffen?
- Risiko-Beschreibung
- Risiko-Einschätzung
- Risiko-Bewertung
- Risiko-Überwachung mit Einstufung und möglicher Behebung

In einem weiteren Formular ist dann eine Listung aller projektbezogener Risikopunkte durchzuführen, um eine genaue Übersicht über eine Gefährdung oder eine Nicht-Gefährdung eines Projektes zu erhalten. Die Einschätzung der einzelnen Risiken ist sehr wichtig und beschreibt den Einfluss auf die Geschäfts- und Projektabwicklung, wobei die Bewertung in drei Stufen ersichtlich dargestellt werden kann.

Bewertung 1 - niedrige Einstufung

Bewertung 2 - mittlere Einstufung

Bewertung 3 - hohe Einstufung

Treten z.B. zwei Risiken in einem Projekt auf, mit der Einstufung ***2*** und ***3***, so kann über einen Multiplikationsfaktor eine Gesamtrisikostufe erkannt werden:

1 x 1 = 1
1 x 3 = 3
2 x 3 = 6
3 x 3 = 9

Dies bedeutet, dass hoch bewertete Risiken sofort behandelt und gelöst werden müssen, da die Erfolgsaussichten eines Geschäftes oder eines Projekts sehr stark gefährdet werden können.

Beispiel: Technical Risk Assessment

Basierend auf einer Risk-Assessment-Analyse ist hier ein Beispiel einer PC-Hauptplatine und eines PC-Gehäuses mit Lüfter herangezogen worden, um jeweils zwei Hersteller zu bewerten. Die Gewichtung wurde von 1 bis 6 festgelegt, wobei 1 als schlecht und 6 als ausgezeichnet einzustufen ist. Bei dieser Art von Risk Assessments werden alle relevanten kommerziellen und technischen Parameter eines Produkts zur Bewertung herangezogen. Diese Parameter erhält man am besten bei einer intensiven Sitzung beim Lieferanten, da man hier auch alle maßgeblichen Techniker, Manager oder auch General Manager zur Verfügung hat. Über Schriftverkehr oder E-Mails kann man dies nicht realisieren, da zu viele Fragen und Details kurzfristig und mit Hinterfragungen geklärt und direkt bewertet werden müssen.

Fallbeispiel siehe unter Checklisten und Tipps Qualitätsmanagement

Fallbeispiel : Technische Risikoeinschätzung PC-Hauptplatine

Wie man aus dem Fallbeispiel ersehen kann, hat sich ein eindeutiges Ergebnis aus diesem Risk-Assessment herauskristallisiert. Dieses Ergebnis kann dann der Unternehmensleitung zu einer Entscheidung vorgetragen werden.

5.0 Qualitätsmanagement im internationalen Beschaffungsbereich

Die Produkte bzw. Erzeugnisse der Hersteller werden immer komplexer (Hardware-Mechanik/Elektronik und Software), wobei Funktionalität, Qualität und Zuverlässigkeit mehr und mehr in den Blickpunkt der Verbraucher rücken. Auch die Produzentenhaftung sowie der vom Verbraucher gewünschte Vor-Ort-Service haben gravierenden Einfluss auf die Planung und Ausführung der Produktstrategie der Unternehmen. Um diesem Wunsch der Verbraucher nachzukommen, muss das Produkt von der Planungs- und Entwicklungsphase bis in die Massenproduktions- und Phase-Out-Phase mit Hilfe modernster Qualitäts- und Zuverlässigkeitstechniken überwacht werden. Hierbei sind die Methoden der Wahrscheinlichkeitstheorie und der statistischen Qualitätskontrolle[8], zusammengefasst in TQM (Total Quality Management), wichtige Hilfsmittel.

Um etwas tiefer in diese komplexe Materie der vorher aufgeführten Punkte einzudringen, muss auch die Mathematik in diesen Bereich einbezogen werden. Um diesen Stoff etwas näher an den interessierten Leser heranzutragen, sind praxisnahe Beispiele aufgeführt, die auch von Nichtmathematikern gelöst, überblickt und angewendet werden können. Um dies vom Grundprinzip aufzubauen, werden auch Bauteil- und Systemspezifikationen mit allen notwendigen Parametern und Abnahmeanforderungen der Qualität, Zuverlässigkeit und Sicherheitsanforderungen besprochen und diskutiert. Bei der Einführung von TQM im Betrieb sind die Ausbildung der Fachkräfte und die Einführung der notwendigen Techniken und Werkzeuge von großer Bedeutung, um in die Tiefe dieser Materie eindringen zu können. Werden die gewonnenen Erfahrungen verfeinert und zielstrebig bei TQM umgesetzt, wird der Erfolg in Richtung Kundenzufriedenheit und Kostenreduzierung nicht ausbleiben. Nun was bedeutet der Begriff Qualität und Zuverlässigkeit für den Lieferanten und Hersteller als auch für den Kunden? Die Qualität eines Produktes oder Erzeugnisses ist der Grad seiner Eignung, dem Verwendungszweck zu genügen. Die Zuverlässigkeit eines Produktes oder Erzeugnisses ist der Grad seiner Eignung, während einer gegebenen Zeitdauer dem Verwendungszweck zu genügen. Diese zwei wichtigen Punkte müssen in der notwendigen Spezifikation der Hersteller oder Lieferanten durch detaillierte Parameter mit Streugrenzen definiert werden, um spätere Reklamationen von Kunden und dadurch entstehende Service- und Reparaturkosten zu vermeiden.

---

[8] Sachs, L.: Statistische Auswertungsmethoden, Springer Verlag Berlin

5.1 Produktdefinition und Produktspezifizierung

Als Basis für die ersten Schritte in der Entwicklungsphase, bevor eine Produktdefinition und Produktspezifizierung erfolgen können, ist es notwendig, die zu erweiternde oder neue Produktlinie zu definieren und festzulegen. Wenn dies erfolgreich im Unternehmen im Einklang mit allen Fachbereichen durchgezogen und abgezeichnet wurde, kann dieses Projekt dann in den zu erstellenden Produkt-Realisierung/Ablauf und Entscheidungsprozess übergeführt werden. Somit ergibt sich folgende Sequenz im Ablauf der Produktspezifizierung:

- Erweiterung der Produktlinie
- Produkt-Realisierungs- und Entscheidungsprozess
- Projekt-Zeitplan
- DFX(Design for X)
- Performance-Vergleich im DFM(Design for Manufacturability)-Bereich
- Spezifikationserstellung
- technische Produktbeschreibung
- Definition der Parameter
- Schnittstellenbeschreibung
- Umgebungseinfluss-Parameter
- Qualitäts- und Zuverlässigkeits-Merkmale
- Beschreibung der notwendigen Messmethoden
- interne und externe Standards
- weltweite Vorschriften/Regularien
- Verpackungsanforderungen und Testmethoden
- Abnahmekriterien

Erweiterung der vorhandenen Produktlinie

Die zukünftige Produktplanung, im Bereich zwei bis fünf Jahre, ist ein wichtiges und strategisches Instrument, um Möglichkeiten einer Kostenoptimierung und/oder Unternehmenserweiterung auszuloten. Diese Planung sollte nicht zu detailliert und mit Produktspezifikationen abgedeckt sein, sondern sollte nur den Weg zu strategischen Entscheidungen wie Make or Buy aufzeigen. Dadurch kann mittelfristig eine Outsourcing- oder Partnerschafts-Philosophie aufgebaut und umgesetzt werden, die einen erheblichen Einfluss auf die Wertschöpfung des Unternehmens haben. Die Produkterweiterung zeigt aber auch die Grenzen der eigenen Vertriebskanäle sowie der Wettbewerbseinflüsse auf und kann durch eine detaillierte Preis/Performance-Strategie gelöst werden.

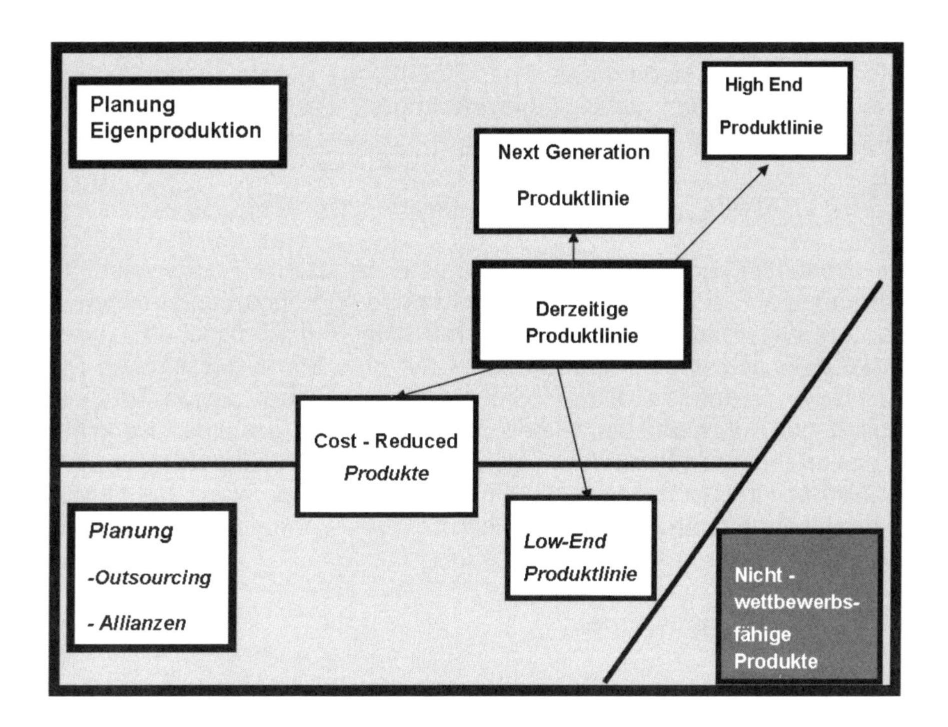

Abbildung 23: Entwicklung der Produktlinien

Next-Generation-Produktlinie

Diese neue Serie von Produkten sollte die derzeitige Produktlinie ersetzen, wobei folgende Punkte zu berücksichtigen sind:

- Anwendung neuester anwendbarer und ausgereifter Technologien
- höhere Performance und Zuverlässigkeit
- bessere und erweiterte Funktionalität
- gleiche oder wenn möglich niedrigere Produktkosten

Hier ist auf jeden Fall darauf zu achten, dass eine Diversifikation zwischen den Next-Generation und den High-End-Produkten gegeben ist, um Parallelentwicklungen zu vermeiden, die sehr kostenträchtig sind. Diese neue Generation sollte die Basis für zukünftige Produkte sein.

High-End-Produkte

Diese Produktkategorie sollte ein Segment im Markt abdecken, wo der Kunde willig ist, mehr dafür zu bezahlen, da neue Anwendungen und eine höhere Performance-Charakteristik angeboten werden. Es sollte die Basis für eine Eigenentwicklung sowie einer Eigenfertigung sein, wobei darauf zu achten ist, auch kostengünstige fremdbezogene Baugruppen einzusetzen, die auf der Basis Make-or-Buy- Entscheidung selektiert werden.

Low-End-Produkte

Diese Produktkategorie sollte eine erkennbar reduzierte Funktionalität und Performance aufzeigen und eine neue Gruppe von Kunden ansprechen. Bei dieser Art von Produkten ist keine Innovation und Anwendung neuester Technologien notwendig, sondern sollte auf dem Markt befindlichen Standardbauteilen aufbauen. Das Kostengefüge muss bei diesen Produkten erheblich unter dem der derzeitigen Produkte liegen, um einen Kannibalismus dieser Produktlinie zu vermeiden. Ein gangbarer Weg wäre, wenn die TOCO-Kosten zu hoch sind, aber ein Markt vorhanden wäre, die Outsourcing-Strategie anzusetzen. Eine Alternative wäre eine Allianz mit einem selektierten Partner in Asien oder Osteuropa.

Cost-Reduced-Produktlinie

Diese Produktkategorie berücksichtigt drei Hauptrichtlinien wie das Ersetzen der vorhandenen Produktpalette mit den Schwerpunkten Kostenreduzierung zur Erhaltung der Wettbewerbsfähigkeit als auch die Verlängerung der Produktlebensdauer.

Wie kann man dies erreichen?

- Durch Einsatz von höher integrierten Bausteinen und ausgereiften, neuen, anwendbaren Technologien sowie kostengünstigeren Fertigungstechnologien.
- Durch Selektion und Auswahl von fremdbezogenen Baugruppen nach der TOCO-Methode.
- Durch Redesign der Produkte, um ihnen eine neues und marktgerechteres Outfit zu geben.
- Durch intensive und zyklische Verhandlungen herbeigeführte Bauteile und Baugruppen, Kostenreduzierungen im Lebensdauerzeitraum der Produkte.

Technologieauswahl

Ein sehr wichtiger Punkt in der Entwicklung ist die Auswahl der richtigen anwendbaren Technologie und wirft folgende Fragen auf, die in drei Kategorien einzustufen sind:

- derzeitige Entwicklung
- geplante Entwicklung
- zukünftige Entwicklung

Für diese Phasen ergeben sich folgende technische und kommerzielle Fragen:

- Welche Technologie ist für die Produktlinie anwendbar und welche Vorteile ergeben sich daraus?
- Ist die selektierte Technologie kritisch oder bereits für den Markt ausgereift?
- Wie kann man auf diese ausgewählte Technologie zugreifen?
- Welchen Vorteil hat diese Technologie gegenüber den Wettbewerbern?

Zusammenfassend kann gesagt werden, dass eine gute Produktplanung mit der Technologieplanung Hand in Hand gehen sollte, um die optimale Produktlinie im geplanten Preisgefüge am Markt anbieten zu können. Somit sollte in der Produktdefinitionsphase über eine Selektionsmatrix die anwendbare Technologie bewertet und strategisch ausselektiert werden. Auch hier steht die Frage an: sollte das Produkt in Eigenentwicklung oder mit einem Partner oder durch Outsourcing realisiert werden, um den Markt punktgenau mit der geplanten Preisstruktur, Performance, Zeitbereich und Investitionen zu erreichen. Bei der Auswahl der falschen Technologie können vorher aufgeführte Punkte den Misserfolg einer gesamten Produktlinie bedeuten aber auch den Erfolg der gesamten Firma in Frage stellen.

Der daraus resultierende und einzuführende Innovationsprozess ist einer der wichtigsten Punkte in einem Unternehmen und fordert das Zusammenspiel und die Gemeinschaftsaktivität zwischen den Mitarbeitern des Unternehmens mit deren Kunden und Lieferanten bzw. Partnern. Dafür gibt es einen stehenden Begriff der frühzeitigen Informationseinbindung der Lieferanten.

ESI (Early Supplier Involvment)

Beispiele von innovativen Ideen

Innovative Problemlösung bei Produkten die in der Entwicklung sind

- innovative Prozessverbesserung
- innovative Ideen für neue Produkte

Einschätzung und Herausforderungen

Wie sind die derzeitigen Fakten?

- Hat die Firma einen eindeutigen Innovationsprozess, um neue und qualifizierte Ideen zu realisieren?
- Hat die Entwicklung der Firma das Gefühl, dass die Innovation unterstützt und gefördert wird?

Hypothetische Annahme

- Die Kundenwünsche und Formulierung der Geschäftsvision müssen frühzeitig in einen Prozess einfließen, um eine effektive Rückkopplung von der Technologie realisieren zu können.
- Es müssen substanzielle und frühe Investitionen in die neue Technologie getätigt werden, um dann höhere Zuwachsraten als die Zuwächse der Industrie zu erzielen.

Qualitative Zielsetzung

Es sollte eine Kultur für dauernde Innovationen entwickelt werden:

- Verbessere die Kundenzufriedenheit durch Verbindung neuer Technologien im Zusammenhang mit dem Verständnis: was braucht der Kunde.
- Erfasse, bewerte und behandle Innovationsideen in einem praktikableren und aktionsfähigen Bestandsverzeichnis.
- Führe neue Investment-Risiken in eine disziplinierte und Faktenbasierende Entscheidungsfindung ein.
- Stelle sicher, dass neue Ideen qualifiziert sind und schnell für den Markt verfügbar werden.

Strategieentwicklung

Können die festgelegten Ziele mit dem vorhandenen hoch ausgebildeten Personal nicht erfüllt werden, sollte als Alternative Global Sourcing und/oder Outsourcing in Betracht gezogen werden, um die Marktanforderungen im festgelegten Zeitbereich zu erfüllen.

Um diese Entscheidung herbeizuführen, ist eine enge Zusammenarbeit zwischen Global Sourcing und der Entwicklung notwendig, damit durch die notwendige Fachdiskussion in den Innovationsprozess-Sitzungen der Technologietrend sich herauskristallisieren kann. Die folgende Tabelle zeigt, wie man die richtige Technologie einstufen und selektieren kann:

Produktlinie Produkt	Technologie Beschreibung	Technologie Stand und Reife	Technologie Wettbewerbsstand	Technologie Marktakzeptanz	Technologie Kosten
Produkt 1	Technologie a	noch nicht ausgereift	offen	Einsatz zukünftige Produkte	noch nicht absehbar
	Technologie b	ausgereift	positiv	Einsatz sofort möglich	wie geplant
	Technologie n	veraltet	nicht aktuell	Einsatz nein	zu teuer
Produkt 2	Technologie a	....	....	....	

Das Ergebnis aus dieser Matrix ist die Basis für eine Entscheidung im Management, in welcher Technologie die neuen Produkte ausgerichtet und beeinflusst werden:

- die Kosten des Produktes
- den Personaleinsatz
- die Entwicklungszeit
- die Time-to-Market-Situation
- die Produktlebensdauer
- den Produkterfolg am Markt

Ein weiterer Gesichtspunkt ist die Regenschirm(Umbrella)-Positionierung des Unternehmens, d.h. wie wird das Core-Produkt zu einer neuen zu ergänzenden Low-Cost-Produkt-Palette gesehen und welche Strategie wird hier angesetzt. Man darf aber nicht aus den Augen verlieren, dass bei einer Eigenproduktion des Low-Cost-Produktes Bauteile vom Core-Produkt verwendet werden sollen, die als Standard-Bauelemente im Unternehmen definiert sind. Wenn dies nicht der Fall ist, sollte eine Sourcing-Strategie ins Auge gefasst werden.

Man sollte aber immer bedenken, bevor man ein Produkt in ein anderes Land transferiert ob dies ohne Einfluss auf die derzeitige Produkt- und Marketing-Strategie ist. Denn der neue Lieferant kann, wenn kein eindeutiger Vertrag vorliegt, eine billigere Kopie ihres eigenen Produktes auf dem Markt platzieren und ihre geplante Marketing-Strategie torpedieren. Hier ist also Vorsicht geboten, damit sie keinen Fehler hinsichtlich Sourcing-Aktivitäten machen und, wenn es schieflaufen sollte, dann die notwendigen und anstehenden Investitionen für ihre Eigenproduktion nicht zu vergessen einzuplanen. Dieser Fall kann öfters auftreten (z.B. in China) und sollte dann durch eine vorher detaillierte eingeleitet Risikoanalyse untermauert bzw. abgedeckt werden.

Umbrella-Positionierung

Die Erweiterung oder Ergänzung der bestehenden Core-Produktlinie durch eine neue Produktlinie im Low-Cost-Bereich zur Abrundung des lokalen als auch des globalen Marktes. Basierend auf den vorher angestoßenen Themen muss ein Prozess im Unternehmen eingeführt und durchexerziert werden, der dann wie folgt definiert und realisiert werden sollte:

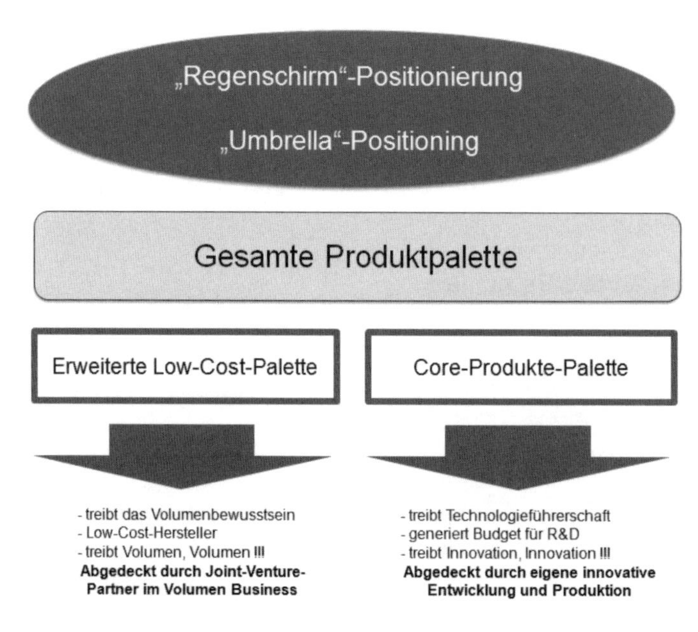

Abbildung 24: Umbrella-Positionierung

Produkt-Realisierungsablauf und Entscheidungsprozess

Dieser Prozess unterteilt sich in 5 Hauptphasen, und nach jeder Phase ist ein Entscheidungspunkt eingeplant, wo ein Produkt-Realisierungsteam entscheidet, ob im Programm fortgefahren wird. Nach Abschluss einer Phase ist ein detaillierter Statusbericht vorzulegen der die Basis für eine Entscheidung Go oder Stopp oder Go mit Auflagen ist. Auch wird das notwendige kalkulierte Investment (Budget und Ressources) für die nächste Phase freigegeben.

Wie werden die einzelnen Phasen beschrieben?

Phase 0 Konzept-Auswertung

Phase 1 Produkt-Definition, Produktspezifikation und Planung

Phase 2 Implementierung, Entwicklung

Phase 3 Produktvorstellung, Test und Auswertung

Phase 4 Produktfreigabe zum Markt

Strukturierter Ablauf - und Entscheidungsprozess

Phase 0	Phase 1	Phase 2	Phase 3	Phase 4
Konzept Auswertung	Produkt Definition Produktspezifikation	Implementierung Entwicklung	Test und Auswertung Produktvorstellung	Produktfreigabe zum Markt

Entscheidungspunkte Go oder Stopp

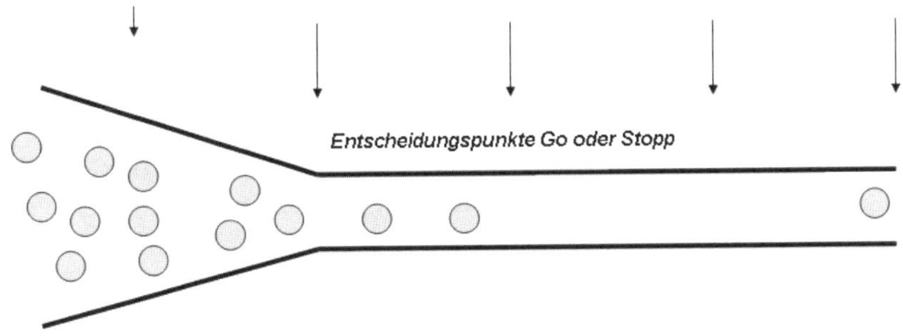

Abbildung 25: Strukturierter Ablauf- und Entscheidungsprozess

Die einzelnen Phasen werden mit dem kalkulierten Budget versehen, und bei jedem Entscheidungspunkt erfolgt eine Freigabe für die nächste Phase, wenn die Phase davor positiv abgeschlossen wurde. Die Budgethöhe ist nach den notwendigen Aufwendungen in der jeweiligen Phase ausgelegt.

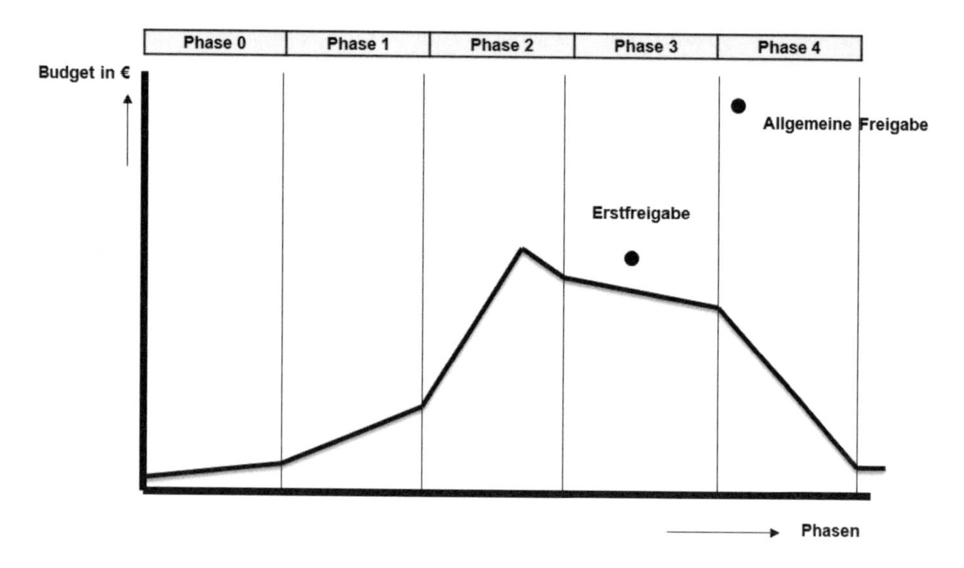

Abbildung 26: Programm-/Produkt-Zeitplan

Welche Aktivitäten beinhalten die einzelnen Phasen?

Verbunden mit diesem Plan, der die einzelnen Phasen und Milestones beschreibt, wird auch ein wöchentliches Update mit Risiko-Punkten generiert, um den jeweiligen Status ersehen zu können. Dies ist auch die Basis für weitere Entscheidungen zur Freigabe der nächsten Phase. Die aufgeführten Freigaben sind in zwei Schritten durchzuführen und werden wie folgt definiert und beschrieben:

Erstfreigabe

Die Erstfreigabe ist die Entwicklungsfreigabe nach positiver Durchführung aller Tests gemäß der Produktspezifikation. Zu diesem Zeitpunkt ist es möglich, die ersten ausgewählten Kunden aus der C-Modell-Serie bzw. Pilot-Serie zu beliefern.

Allgemeine Freigabe

Die allgemeine Freigabe erfolgt erst, wenn alle technischen und kommerziellen Unterlagen und Freigaben zur Verfügung stehen und die Massenproduktion angelaufen ist. Aus diesen Produktionsstückzahlen können dann alle weltweiten Kunden beliefert werden. Welche Fragen sind am Ende der jeweiligen Phase zu stellen, um sicher zu sein, dass der nächste Schritt mit dem kleinsten Risiko erfolgen kann:

Phase 0

A Sind die Marktanforderungen und Möglichkeiten für dieses Produkt sehr groß?
B Kann durch dieses Produkt ein Kundenproblem gelöst werden?
C Hat dieses Produkt gegenüber dem Wettbewerber große Vorteile?
D Hat dieses Produkt eine hohe Priorität und sind zur Realisierung genügend Ressourcen verfügbar?
E Ist das Produkt fertig entwickelt, wenn das Marktfenster sich öffnet oder bereits offen ist?
F Kann dieses Produkt mit dem vorhandenen Entwicklungs-Know-how und Manpower im Zeitbereich entwickelt oder durch Outsourcing verfügbar sein?
G Sind die Kriterien für eine Make-or-Buy-Entscheidung klar definiert und kann auf dieser Basis entschieden werden?
H Sind die notwendigen Partner/Lieferanten, Technologie und notwendige Lizenzen verfügbar?
I Kann bereits eine vorläufige Produktspezifikation erstellt werden?
J Kann basierend auf den vorhandenen Unterlagen und Informationen der vorläufige Business-Plan erstellt werden?
K Kann das notwendige Personal und Budget für die Phase 1 zur Verfügung gestellt werden?
L Sind alle Risiken bekannt, verstanden und richtig eingestuft?

Phase 1

A Ist das Produkt weiterhin interessant für den Markt?
B Ist die Finanzanalyse zufriedenstellend abgeschlossen und ist das Produkt immer noch in Line mit der Unternehmensstrategie?
C Sind alle offenen Punkte von der Phase 1 geklärt? Wenn nicht warum?
D Ist das Produkt klar und sauber im Business-Plan und in der Produktspezifikation definiert?
E Ist die Make-or-Buy-Entscheidung immer noch in Line mit der Unternehmensstrategie?
F Sind die Lieferanten in der Lage, alle Parameter der Spezifikation einzuhalten?
G Ist der Zeitplan realistisch für die A- und B-Modelle?
H Hat das Programm die notwendigen Ressourcen, intern als auch extern, um die im Plan festgelegten Termine einzuhalten?
I Sind alle Punkte und Aktivitäten für die Phase 2 klar definiert?
J Sind alle Risiken und Unsicherheiten bekannt und richtig eingestuft?

Phase 2

A Ist der Markt immer noch offen für dieses Produkt?

B Wird der Business-Plan hinsichtlich Produktfunktion sowie lieferbare Produkte und Baugruppen noch eingehalten?

C Sind die Kosten noch im Einklang mit dem kalkulierten Budget?

D Sind alle Bestellungen im Zeitplan?

E Sind die geplanten Tests nach Spezifikation im Zeitplan?

F Ist die Fertigung für H/W, S/W und aller geplanten Baugruppen bereit zur Übernahme?

G Sind alle Verträge mit den Lieferanten ausdiskutiert und abgeschlossen?

H Sind alle geplanten Zertifizierungen mit den notwendigen Testhäusern im Laufen?

I Sind Abweichungen von der Phase 2 behoben und sind Risiken für die Phase 3 zu erwarten?

J Kann das notwendige Personal für die Phase 3 zur Verfügung gestellt werden?

Phase 3

A Hat das Programm/Produkt für den Kunden alle spezifizierten Parameter und Anforderungen erfüllt und ist es strategisch richtig am Markt platziert?

B Sind alle Werkzeuge, Testgeräte und Einrichtungen zur Produktion verfügbar?

C Können die Lieferanten die Ramp-up-Stückzahlen erfüllen?

D Sind alle relevanten Tests mit den C Modellen positiv abgeschlossen?

E Kann die allgemeine Freigabe zum Markt vorbereitet werden?

F Können selektierte Kunden mit Modellen beliefert werden?

G Ist das Life-Cycle-Management initiiert?

H Kann das notwendige Budget und Personal für die Phase 4 bereitgestellt werden?

I Sind noch offene Punkte, die vor der Phase 4 geklärt werden müssen?

Phase 4

A Können oder müssen Justierungen am Programm vorgenommen werden, um noch erfolgreicher zu werden?

B Wird der Finanzplan eingehalten?

C Sind die Anforderungen und Ausnahmen für das Life-Cycle-Management vorhanden und klar definiert?

D Ist die geplante Qualität und Zuverlässigkeit in Line mit den Vorgaben?

E Wie beurteilt der Kunde das Produkt und wie stuft er es ein?

F Kann das Programm/Projekt basierend auf der Kundennachfrage weiter vorangetrieben werden?

Im Programm-Zeitplan, gelistet als Fallbeispiel unter Checklisten und Tipps, Qualitätsmanagement, sind alle Phasen detailliert und in verschiedenen, je nach Produkt, relevanten Unterpunkten gelistet. Dies kann aber nur ein Fallbeispiel sein, da der Gesamtplan in Einklang mit dem Unternehmenden, den einzelnen Fachbereichen, dem Produkt und der Testphilosophie sein sollte.

Auf jeden Fall sollten aber die produktspezifischen Punkte nach der festgelegten Spezifikation in dieser Liste erscheinen. Die Prüfung erfolgt dann von allen notwendigen und involvierten Fachbereichen. Nach Ausarbeitung und Festlegung des Produkt-Realisierungs- und Entscheidungsprozesses als auch des dazugehörigen detaillierten Zeitplans sollten unbedingt die DFX (Design For X)-Richtlinien diskutiert und festgezurrt werden. Dies beinhaltet folgende Aufgaben:

- **Design for Manufacturability** (Entwicklung in Richtung kostengünstige Fertigung)
- **Design for Reliability** (Entwicklung in Richtung Zuverlässigkeit)
- **Design for Compatibility** (Entwicklung in Richtung Kompatibilität)
- **Design for Logistics** (Entwicklung in Richtung Logistik)

DFX (Design for X)

DFX heißt Ausrichtung der Entwicklung auf folgende Richtlinien:
Produktentwicklung in Richtung kostengünstige und exzellente Fertigung

Entwicklung in Richtung kostengünstige Fertigung
- DFM (Design for Manufacturability)

- Fertigungsfachleute nehmen an der Produktentwicklung teil
- Übersichtliche und einfache Fertigung ohne Fehlermöglichkeit
- Versetze die Fertigung in die Lage, einen schnellen und reibungslosen Start-Up zu ermöglichen

Entwicklung in Richtung Zuverlässigkeit
- DFR (Design for Reliability)

- Zuverlässigkeitsfachleute nehmen an der Produktentwicklung teil
- Verwende neueste, ausgereifte und stabile Technologien, um Fehler zu verhindern
- Reduziere Anzahl der Bauteile
- Verwende ausgereifte und anwendbare Testmethoden
- Verwende thermisches Beanspruchungs-Modell
- Verwende Überlast-Beanspruchungs-Tests

Entwicklung in Richtung Kompatibilität
- DFC (Design for Compatibility)

- Vereinbarkeit mit den anwendbaren oder festgelegten Industrie Normen und Regularien
  - Software
  - Hardware
  - Peripherie
- Zertifizierung der Produkte
  - Produktsicherheit
  - Elektromagnetische Verträglichkeit
  - Geräuschentwicklung
  - Blauer Engel

Produktentwicklung in Richtung Logistik
- DFL (Design for Logistics)

- Verbesserte Kundenverfügbarkeit
- Reduzierung der Lagerkosten
- Reduzierung der veralteten/überflüssigen Teile
- Optimale Verpackung

Nach der kurzen Einführung in das DFX-Programm gehen wir direkt in die Produktentwicklung, wo diese Punkte alle in Augenschein genommen und umgesetzt bzw. realisiert werden müssen.

Produktentwicklung in Richtung Zuverlässigkeit
- DFR (Design for Reliability)

- Zuverlässigkeitsfachleute nehmen an der Produktentwicklung teil
- Verwende neueste, ausgereifte und stabile Technologien, um Fehler zu verhindern
- Reduziere Anzahl der Bauteile
- Verwende ausgereifte und anwendbare Testmethoden
- Verwende thermisches Beanspruchungs-Modell
- Verwende Überlast-Beanspruchungs-Tests

Die für das Design ausgewählte Technologie und die dazu gehörigen Bauelemente bzw. Baugruppen werden dann gelistet, gezählt und in Stückzahl pro Produkt festgelegt. Von den Fachabteilungen der Fertigung werden parallel die Fertigungstiefe und die Fertigungsschritte für das Produkt analysiert und gelistet. Von der Entwicklung kann dann, bezogen auf die zur Verfügung gestellten Stücklisten, die Zuverlässigkeit, basierend auf der Bauteilebeanspruchung, kalkuliert werden. Dies wird im späteren Kapitel „Methoden zur Produktqualifizierung und Freigabe“ detailliert besprochen und mit Fallbeispielen untermauert.

Der Performance-Vergleich eines Produktes, gefertigt in Deutschland, mit einem Gerät mit gleicher Funktion, entwickelt in Japan und produziert in China, wird im folgenden Chart dargestellt. Man muss hier feststellen, dass die Japaner in der Entwicklung hochintegrierte Bausteine eingesetzt haben, wobei das Gerät aus deutscher Fertigung auf konventionelle Bauweise aufgebaut wurde. Daraus wird ersichtlich, dass die Wahl der Bauteile oder auch von Baugruppen nach dem Stand der anwendbaren und bezahlbaren Technologie auszuwählen und einzusetzen ist. Aus diesem Gesichtspunkt ergeben sich dann folgende Analysepunkte:

- Anzahl der Bauteile wurde reduziert.
- Die Anzahl der Fertigungsschritte und die Fertigungstiefe wurden reduziert.
- Die Zuverlässigkeit des Gerätes wurde erhöht.
- Kostenreduzierung durch weniger Bauteile, geringere Fertigungstiefe und gleichzeitige Erhöhung der Zuverlässigkeit.

Zusammenfassend kann festgestellt werden, dass durch die Auswahl der anwendbaren und ausgereiften Technologie nur Vorteile entstehen und diese von der Entwicklung konsequent selektiert und eingesetzt werden muss.

Performance - Vergleich im DFM Bereich[9]

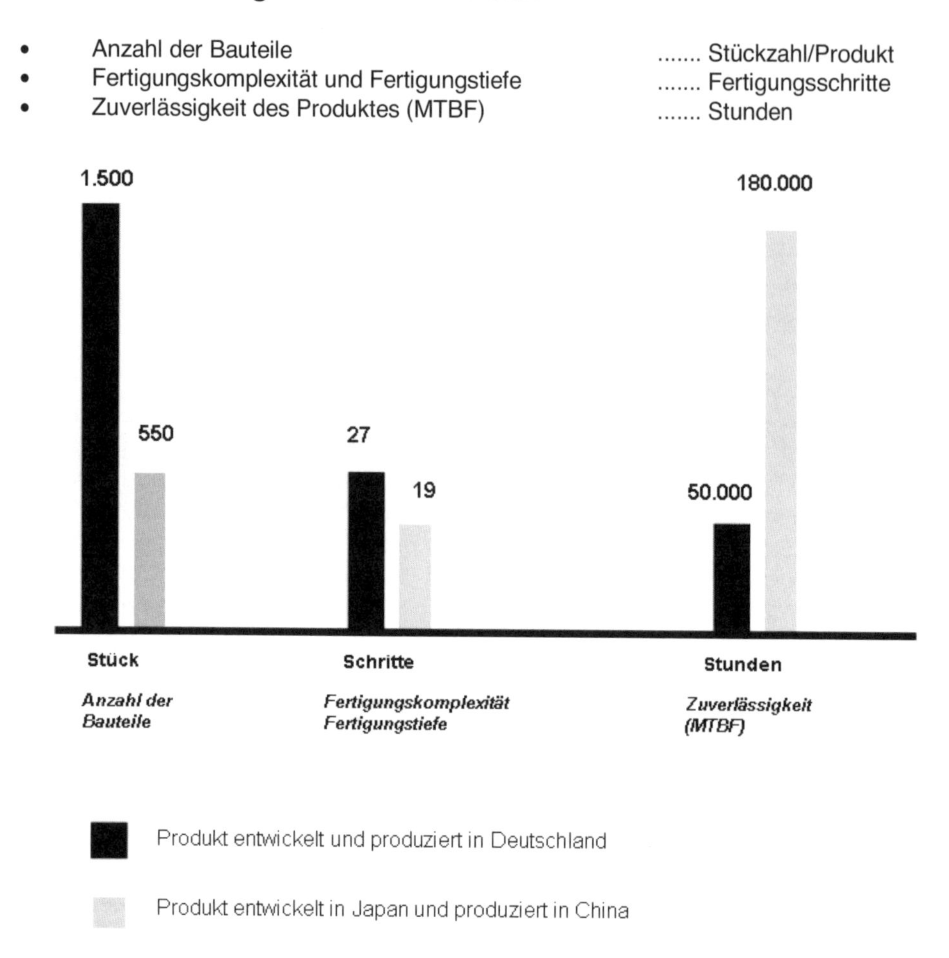

Abbildung 27: Performance-Vergleich

Zusammenfassend kann gesagt werden, dass der Entwicklungsprozess in drei Kategorien eingestuft werden kann. Die Entscheidungsfindung ob Eigenentwicklung oder Joint-Venture-R&D, Produktion oder Outsourcing nach Spezifikation muss aber von einem Team, basierend auf deren Unternehmensstrategie, festgelegt werden, wobei alle Pro und Kontras zu berücksichtigen sind. Ein entscheidender Faktor wird natürlich die Marktverfügbarkeit eines neuen Produktes sein. Das Tor für die Markteinführung ist meis-

[9] Mather, Hal; Hall, Prentice: Competitive Manufacturing, Englewood Cliffs, New Jersey 1987

tens sehr schmal, und somit steht sofort die Frage im Raum, mit welcher Taktik gefahren werden sollte, um dies realisieren zu können. Die Details sind in der folgenden Tabelle aufgeführt.

Entwicklungsprozess	Produktionsprozess	Zeitplanung	Bemerkungen
Inhouse Entwicklung	Vertikale Integration Inhouse Produktion	10-12 Monate	Architecture – Company Leading Edge Technologie Interne Roadmap *Problem* - Market Window - Kosten MLB - kritisch Einkauf von Bauteilen Global Sourcing Start
Joint Venture **R&D** **Produktion**	Produktions Splitting oder nur Teilmontage	6 Monate	Architecture - Company Leading Edge Technologie mit dem Partner abgestimmte Roadmap Splitting R&D Kosten Produktion Asien/Europa Verbessertes Market Window Kosten MLB - neutral Sourcing notwendig
Outsourcing **nach Spezifikation**	Keine Produktion sondern nur - Kundenanpassung - Adaptierungs-montage	3-5 Monate	Enge Zusammenarbeit mit selektierten Lieferanten (ESI) Interne Roadmap adaptiert auf Lieferantenprodukt nur Qualifizierungskosten TCO/Logistik Market Window ok Sourcing muss ausgeprägt und flexibel sein optimale Kosten durch Second Source

Technische Einkaufsspezifikation (Technical Procurement Specification)

Die technische Einkaufsspezifikation beschreibt detailliert alle technischen Parameter sowie Anforderungen und ist das Basiselement und Schnittstelle zum Lieferanten. Die einzelnen Punkte und Paragraphen sind mit dem Lieferanten abzustimmen und nach Findung eines Konsensus ist diese Unterlage vom Lieferanten auf der Topseite abzuzeichnen. Diese abgestimmte und akzeptierte Spezifikation ist als Anhang zum Gesamtvertrag zu sehen und bildet die Ergänzung zum kommerziellen Vertragsteil.

Bei Bauteilen oder Modulen, die sich in Bauteilegruppen zusammenfassen lassen, wird normalerweise eine allgemeine Spezifikation vorgezogen, da in dieser Spezifikation alle allgemeinen, gemeinsamen Anforderungen zusammengefasst werden können. Die speziellen Parameter, bezogen auf das jeweilige Bauelement oder Module, werden dann in der technischen Einkaufsspezifikation festgelegt und abgedeckt.

Beispiel:

- Stromversorgungsgeräte
- Motoren
- Integrated Circuits (IC's) inkl. Prozessoren
- Aktive und passive Bauelemente

Die technische Spezifikation sollte folgende Punkte und Paragraphen abdecken:

Deckblatt

- Company-Name und Code
- Produkt-Name
- Spezifikationsnummer und Revisions-Level
- Spezifikationsersteller und Freigabe-Person
- Freigabe-Datum
- Änderungsstand der Spezifikation mit Datum
- Eigentums- und Geheimhaltungsklausel

Akzeptanz und Unterschrift durch den Lieferanten mit Datum und verantwortlichem und zuständigem Manager.

1.0 Bereich

Beschreibt kurz das Produkt.

2.0 Beigeordnete Dokumente

Priorität der Dokumente. Bei Konflikten mit den einzelnen Dokumenten ist folgende Reihenfolge zu beachten:

- Technische Spezifikation
- Source-Inspection-Prozedur
- Allgemeine Qualitätsanforderungen
- Referenz-Dokumente

2.1 Referenz-Dokumente

- Unternehmen .... Entwicklungs-Standards
- Temperatur/Feuchtigkeit/Luftdruck-Standards
- Spannung/Frequenz-Standards
- EMI/ESD/EMS-Standards
- Produktsicherheits-Standards
- Geräuschpegel-Standards
- physikalische/mechanische Standards
- Verpackungs- und Verschiffungs-Standards
- nicht anwendbare Stoffe (Inhaltsstoffe)

Die verschiedenen heranzuziehenden Standards hängen natürlich vom Produkt ab und davon, wo und wie es eingesetzt wird.

2.2 Internationale Standards

- z. B. VDE/UL/CSA/EN/FCC/EMC/MIL/ASTM

Die verschiedenen anzuziehenden Standards hängen natürlich vom Produkt ab und davon wo und wie es eingesetzt wird.

3.0 Anforderungen

Hier müssen alle technischen, elektrischen und mechanischen Parameter detailliert fixiert werden, wenn notwendig mit Unterlagen wie Schaltplänen und technischen Zeichnungen. Ebenfalls müssen die Umgebungseinflüsse wie Betriebstemperaturbereich / Lagertemperaturbereich / Befeuchtungsbereich / Feuchtigkeitsbereich / Luftdruck / Vibrationsbereich / Schockbereich / EMI / EMC / Produktsicherheit etc. angegeben werden. Sowie:

- DFM-Anforderungen (Design For Manufacturing)
- Recycling-Anforderungen (Blauer Engel etc.)
- Zuverlässigkeit des Produktes nach MIL STD (Military Standard) – MTBF (Mean Time Between Failure) oder MCBF (Mean Count Between Failure)
- epidemische Fehlerdefinition
- Lebensdauer des Produktes, z.B. min. 5 Jahre
- Garantiezeit ab Liefereingang, z.B. > 2 Jahre
- Burn-in(Einbrenndauer)-Zeitbereich festlegen (wenn notwendig)
- Wartbarkeit des Produktes – MTTR (Mean Time To Repair) festlegen
- kritische Ersatzteile basierend auf der MTBF-Berechnung festlegen
- Beschriftung des Produktes

4.0 Anforderungen bei Produktänderungen

- Freigabe beim Lieferanten nur nach Unterschrift des Unternehmens
- Definition der Minor und Major-Änderungen

5.0 Lieferung/Verschiffung

- Der Lieferant ist verantwortlich für die gesamte Verpackung und Verpackungsbeschriftung der Produkte oder Produktgruppen
- Festlegung der Verpackungsgröße nach Containergröße
- Stapelfähigkeit für den Container und das Lager

6.0 Qualitätsanforderungen

Das Produkt hat alle Anforderungen der Spezifikation einzuhalten. Sollte dies nicht der Fall sein, so kann das Unternehmen wahlweise folgende Möglichkeiten definieren:

- Reparatur der Produkte auf Kosten des Lieferanten
  oder
- Selektion und Rücksendung der nicht entsprechenden Produkte auf Kosten des Lieferanten
  oder
- Neulieferung des gesamten Loses auf Kosten des Lieferanten

Maßnahmen zur Qualitätssicherstellung durch Source Inspection:

- Abnahme-Kriterium DPPM (Defective Parts Per Million)
- Festlegung der Source-Inspection-Prozedur durch Unternehmen
  und
  Durchführung durch Unternehmen oder Subcontractor
  oder
  SPC (Statistical Process Control)-Technik, wenn anwendbar

7.0 Anhang

Anforderung an die Spezifikation und an die ECN(Engineering Change Notice)-Prozedur:

Diese Spezifikation ist je nach Bauteil/Produkt oder Produktgruppe auszulegen, wobei darauf zu achten ist, dass alle notwendigen Parameter in den Paragraphen 1 bis 7 über Produkt/Qualität/Zuverlässigkeit und Abnahme eine praktikable Lösung darstellen und eine Überspezifizierung ausschließen. Dies würde dann nur eine Kostenerhöhung darstellen, was eigentlich nicht geplant war. Es ist vom Management (Entwicklung/Qualität/Einkauf) darauf zu achten, dass durch die zuständige Entwicklungsabteilung eine Spezifikation erstellt wird, die alle vorher aufgeführten Belange, auch die Kosteneinflüsse, berücksichtigt. Dieses Dokument ist die Grundlage der Technik und deren Abnahme beim Lieferanten und ist immer auf dem neuesten Stand zu halten, was durch die ECN(Engineering Change Notice)-Prozedur automatisch zu erfolgen hat.

Bei gravierenden Kostenreduzierungsmaßnahmen oder Neuentwicklungen ist die Spezifikation neu, dem Produkt angepasst, zu erstellen und muss daher neu verhandelt und vom Lieferanten akzeptiert und abgezeichnet werden.

Bevor eine Freigabe zur Produktion erfolgt, ist die festgelegte Testprozedur durchzuziehen und erfolgreich abzuschließen. Die Ergebnisse sind in einem detaillierten Testbericht zu dokumentieren. Erst nach Prüfung und Akzeptierung dieser Ergebnisse kann die Produktion freigegeben werden. Es ist daher unbedingt notwendig, dass die Entwicklung so strukturiert wird, damit diese Aufgabe bis zum Phase-Out des Produktes wahrgenommen werden kann. Diese Kosten sind in der TOCO(Total Cost of Ownership)-Kalkulation mit zu berücksichtigen und fließen als Teil der Entwicklungskosten in die Make-or-Buy-Entscheidung mit ein.

5.2 Qualitäts-/Zuverlässigkeitsplanung und strategische Maßnahmen

Der grundlegende Faktor für eine hervorragende Qualität ist die Organisation eines Unternehmens. Das Qualitätswesen ist eingebettet in allen Strukturen der Firma und mit entsprechenden Verantwortlichkeiten versehen. Ein effektiver Ablauf vom Start eines Produktes bis hin zur Massenproduktion, wird u.a. dadurch gewährleistet, dass der Produktleiter Teil einer gut festgelegten Matrixorganisation ist. Der Teamleiter kann aus allen Fachbereichen kommen, muss aber alle notwendigen Voraussetzungen erfüllen, um das Produkt erfolgreich mit der geforderten Funktionalität, Qualität und Zuverlässigkeit im festgelegten Zeitrahmen am Markt zu platzieren. Er sollte wenn möglich eine technische Ausbildung haben, damit er das Produkt auch funktionell beherrschen kann, um entweder vor Ort oder beim Lieferanten so weit eingreifen zu können. Die beste Lösung wäre, den Entwicklungsleiter für diese Aufgabe heranzuziehen, da er auch Lieferanten technisch bewerten kann.

Die Lehrjahre hinsichtlich dieser Thematik sind nie zu Ende, sondern müssen von Tag zu Tag neu erarbeitet und durch intensive Schulungen erweitert und fortgeführt werden. Nur durch Motivierung aller Mitarbeiter und nicht nur der relevanten Qualitätsmitarbeiter können die festgelegten Ziele erreicht und übertroffen werden. Ein Unternehmen kann sich nicht darauf verlassen, dass seine Mitarbeiter durch Zufall diese Thematik voll beherrschen, sondern muss durch gezielte Ausbildungsprogramme außerhalb des Unternehmens dafür sorgen, dass das notwendige Know-how erlangt werden kann. Viele Unternehmen haben separate Budgets für solche Programme. Da die Zukunft eines Unternehmens von der Qualität der Mitarbeiter speziell in der TQM-Thematik abhängt, ist diese Investition dringend notwendig. Das Management ist daher aufgefordert, das Potenzial der modernen Technologie zu verstehen, oder das Unternehmen wird in der wettbewerbsorientierten Wirtschaft mittel- oder langfristig untergehen.

Zusammenfassend kann gesagt werden, dass jede Firma den unternehmerischen Geist wie bei der Neugründung eines Kleinbetriebes aufbringen muss, um die anstehenden Aufgaben zukunftsorientiert bewältigen zu können. Wird ein neues Produkt in einem Unternehmen definiert und für die Entwicklung freigegeben sollte, unbedingt ein Teamleiter mit der Erfahrung und dem Sachverstand eines Spezialisten sowie mit Fähigkeiten in der Teambildung eingesetzt werden.

Teambildung und Verantwortlichkeiten

Der Projektmanager kann je nach Komplexität des Projektes einen Teamleader ernennen. Es ist aber zu berücksichtigen, dass weniger als 6 Mitarbeiter diesem Teamleader zugeordnet werden, damit dieser seine Funktion und Zuständigkeit unter effektiver Einbeziehung der Mitarbeiterführung durchführen kann. Er sollte auch durch seine zugeteilten Mitarbeiter akzeptiert und anerkannt werden.

Es kann eine Linien-Organisation oder wenn notwendig auch eine Matrixorganisation als Lösung herangezogen werden.

Die Hauptfunktion und Zuständigkeit ist die Sicherstellung des gesamten Ablaufs von der Marktanalyse über die Entwicklung bis zur Auslieferung des Produktes zum Kunden. Außerdem ist eine weitere sehr wichtige Zuständigkeit die Sicherstellung der Produktion beim Lieferanten sowie deren Qualität, Kosten und Lieferzeitplan, wie definiert und festgelegt in der Spezifikation und vom Projektmanagement und der Unternehmensleitung genehmigt.

Datum:

Produkt/Projekt:

Teamleader:

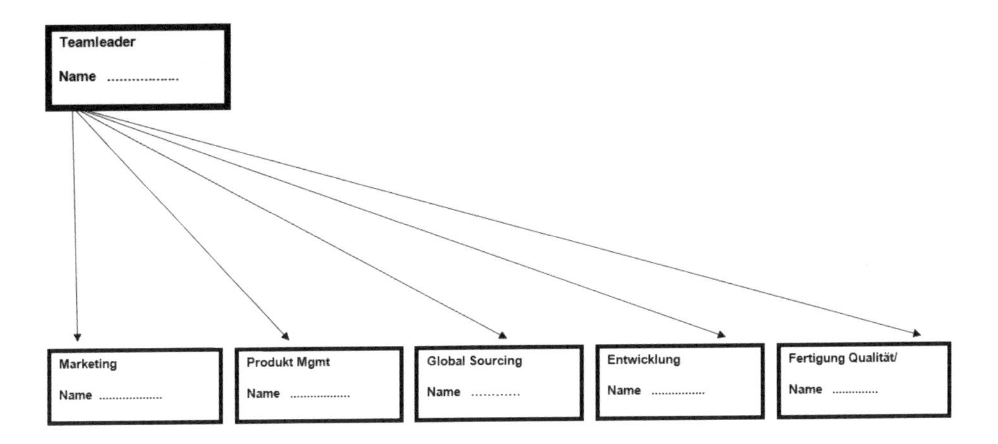

Abbildung 28: Beispiel Teambildung und Verantwortlichkeiten

Marktanalyse	Wettbewerbsanalyse-Module	Lieferantenverhandlungen	Entwicklung Elektronik	Auftragsabwicklung
Strategische Planung	Release Letter	Verträge und Abkommen	Entwicklung Mechanik	Logistik
Produktanforderung	Marktfreigabe Koordination	Lieferantenzertifizierung	Entwicklung Software/Diagnose	Design for DFM
Wettbewerbsanalyse	Life Cycle Manangement	Lieferanten Partnership und Beziehung	Design for DFL/DFR	Testgeräteentwicklung
Marktpotenzialanalyse	Service Unterstützung und Strategie	Lieferanten Technologie	Dokumentation Stücklisten Erstellung/Freigabe	Qualität Fertigung SPC/OOB
Verkaufsunterstützung		Terminverfolgung Lieferanten Einschätzung (Assessment)	Zertifizierung und Standards	Fertigungsstart und Massenproduktion
Produktfreigabe		Warenlager und Management	Qualitätsanforderungen für Produkt	Auslieferung zum Kunden
		Lieferanten Entwicklung	Systemtests, A/B Modelle	
		VQM	Diagnostik Test	
		Make-or-Buy-Analyse	Umgebungseinflusstests	

Abbildung 29: Beispiel Aktivitäten und Verantwortlichkeiten

Lieferantenauswahl nach Qualifikationskriterien

Bei der Auswahl des Lieferanten wird der Status bezogen auf die geforderten Qualitätsmerkmale analysiert und ausgewertet. Je nach Stand muss der Lieferant entwickelt werden oder hat bereits bei bestimmten Parametern das geforderte Ziel erreicht.

Definition - Lieferant muss entwickelt werden
- schwarz > ist bereits mit x % entwickelt
- weiß > ist noch mit x % unterentwickelt

Definition - Lieferant erfüllt Kriterien
- grau > ist bereits mit x % entwickelt
- weiß > ist noch mit x % bis zur vollen Entwicklung offen, kann aber mit diesem Level im ersten Schritt bereits akzeptiert werden

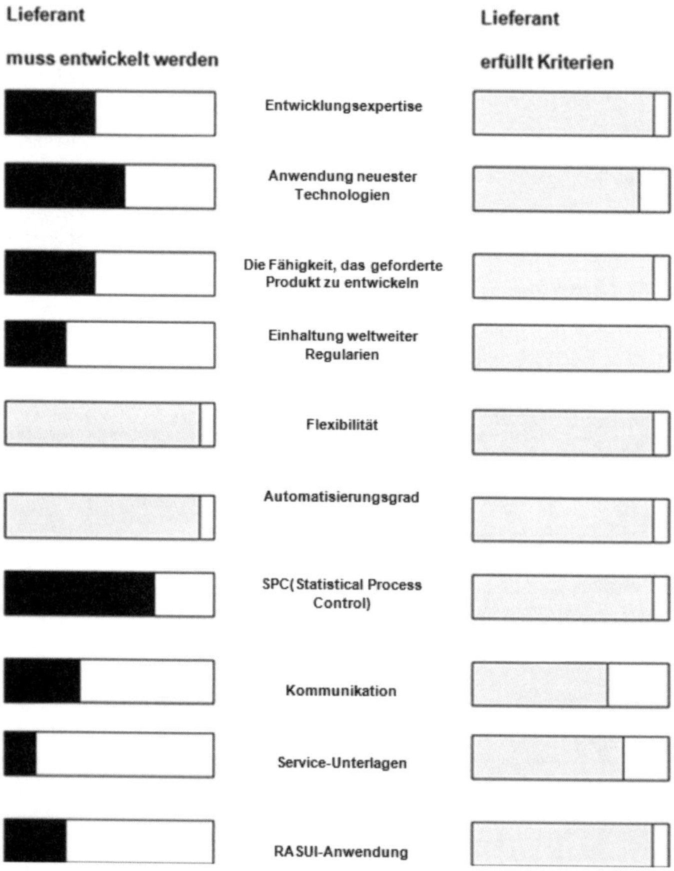

Lieferant muss entwickelt werden

Lieferant erfüllt Kriterien

Entwicklungsexpertise

Anwendung neuester Technologien

Die Fähigkeit, das geforderte Produkt zu entwickeln

Einhaltung weltweiter Regularien

Flexibilität

Automatisierungsgrad

SPC(Statistical Process Control)

Kommunikation

Service-Unterlagen

RASUI-Anwendung

Abbildung 30: Erfüllungskriterien Lieferanten

Der erste Punkt hinsichtlich Qualität eines Produktes im Unternehmen ist es unbedingt notwendig, ein Qualitätssystem-Manual mit allen notwendigen Qualitätselementen und prozessverantwortliche Mitarbeiter/Gruppen oder Abteilungen festzulegen. Damit wird festgelegt, wer für was verantwortlich ist. Außerdem ist dann für das Management ersichtlich, wo es qualitätsmäßig klemmt oder wo es positiv vorangeht.

Beispiel: Quality System Manual with QS Elements

Business Unit ....

Titles **Owner**	**Process**
• Quality Policy	....
• Organization	....
• Quality System	....
• Project Plan	....
• H/W & S/W Specifications	....
• H/W & S/W Development Process	....
• Qualification of Vendor H/W &S/W	....
• Marketing Planning	....
• Project Management, Development Release H/W, S/W, System Integration Testing	....
• Certification Product Safety, EMC, Environmental Conditions	....
• Test Reports	....
• Life Cycle Engineering	....
• Competitive Analysis, Performance Test	....
• H/W & S/W Document Control	....
• Assessment of Subcontractors	....

Die Erstellung eines Qualitätsplans für ein zu entwickelndes Produkt ist zwingend notwendig, um alle Aspekte der Qualität und Zuverlässigkeit sowie alle involvierte Bereiche des Unternehmens abzudecken und einzubeziehen. Die hier aufgezeigten Kurzthemen zeigen nur einen Überblick über einen zu erstellenden Qualitätsplan, der später sehr detailliert, mit Fallbeispielen versehen, aufgezeigt wird.

Die einzelnen Begriffe wurden auch in englischer Sprache aufgeführt, da dies bei den Qualitätsbeauftragten gängige Terms sind.

Richtlinien für das Global-Sourcing-Management einer Firma

Die Kundenzufriedenheit ist weltweit anerkannt und sollte die Basis für alle Prozesse einer Firma sein. Da die Anzahl der eingekauften Produkte, Bauteile und Material immer mehr ansteigt, ist es eine Zielsetzung, die optimalen Kosten in definierter Qualität und im festgelegten Zeitfenster zu erhalten, um mit seiner eigenen Produktion diese Kundenzufriedenheit aufrechtzuerhalten bzw. zu optimieren.

Die Organisation Global Sourcing hat die Aufgabe, die externen Lieferanten zu betreuen und ein partnerschaftliches Verhältnis aufzubauen, um eine Integration in den gesamten Entwicklungs- und Produktionsprozess zu ermöglichen. Dies bedeutet eine dauernde Kommunikation und Einbindung des Lieferanten in einen Plan, der folgende Punkte abdeckt:

- Abschätzung von Risiken

- Gemeinsamer Entwicklungs- und Fortschrittsplan

  - Qualität
  - Produktivität
  - Effektivität

Eine weitere Aufgabe ist, die Anzahl auf leistungsfähige Lieferanten zu minimieren die den oben aufgeführten Punkten entsprechen, damit der Gesichtspunkt Total Cost of Ownership realisiert werden kann.

Empfehlenswerte Richtlinien sind:

A) Es sollten nur Lieferanten mit folgenden Kriterien ausgewählt werden:

- Entwicklungsexpertise vorhanden
- Einhaltung von Standard-Richtlinien
- Einsatz und Lieferung von kosteneffektiven Bauteilen/Produkten
- Lieferungen im zugesagten Zeitbereich

Diese Lieferanten sind als bevorzugt einzustufen.

B) Benchmarking zur Messung und zum Vergleich von globalen Lieferanten, um das beste Ergebnis für die Firma zu erhalten.

C) Lieferanten, die konstant nach den vorgegebenen Richtlinien arbeiten und in einem Partnership-Programm integriert sind, sollten als bevorzugte Lieferanten herangezogen werden.

D) Lieferanten, die die Fähigkeiten im Bereich technisches Fachwissen haben und als bevorzugte Quelle eingestuft sind, sollten frühzeitig in interne Prozesse und Pläne involviert werden, damit eine Kostenstruktur nach Anforderung realisiert werden kann.

E) Dock to Line sollte mit einer dauernden Logistik-Verbesserung einhergehen, damit die Ware zur richtigen Zeit und am richtigen Lieferort verfügbar ist.

F) Der Lieferant erhält die notwendigen Unterlagen und Richtlinien für

- Forecast-System
- Kosten-Zielsetzung
- Kosten-Reduzierungsplan
- Lieferzeit
- Lieferzeit-Reduzierungsplan
- Qualitätsanforderungen

G) Anberaumung von periodischen Sitzungen, um messbare Ergebnisse zu überprüfen und wenn notwendig Schritte einzuleiten, um Verbesserungen kurzfristig und dokumentiert einführen zu können.

H) Einführung von Trainingsmaßnahmen für Mitarbeiter für das Global-Sourcing-Management-Team, um die festgelegten Richtlinien/ Prozeduren für die Firma umzusetzen.

Lieferanten sind Partner, die die Verantwortung mit dem Kunden teilen mit der Zielsetzung: Einhaltung höchster Qualitätsstandards und konstanter Service-Leistung.

Nachfolgend wird aufgezeigt, wie man ein sehr gutes Verhältnis zwischen Kunden und Lieferanten aufbauen kann. Dies resultiert dann in optimale Abläufe, womit alle Kosten inklusive der Produktkosten in allen Segmenten auf ein Minimum reduziert werden können. Außerdem wird das Verhältnis Lieferant - Kunde auf ein höheres Niveau gehoben, was erhebliche Vorteile in der Zusammenarbeit und im Austausch von Informationen bringt.

Lieferant	**Unternehmen (Kunde)**
<u>Langfristige Beziehung</u> basierend auf reduzierter Lieferantenanzahl und langfristigem Forecast-Plan	**<u>On-Time-Lieferung</u>** für reduzierte Lagerhaltung
<u>Einhaltung der DFM-Strategie</u> durch frühzeitige Einbeziehung des Lieferanten	**<u>Lieferungen ohne Fehler</u>** die eine Inspektion und Nacharbeit vermeiden
<u>Höhere Profitabilität</u> durch Vermeidung von Ausschuss und Nacharbeit bei Anwendung von Prozessen wie SP	**<u>Sichere Lieferversorgung</u>** trotz angespannter Marktperioden

Dies alles resultiert in reduzierte Vertrags-/Verwaltungskosten, wobei sich daraus folgende Attribute ergeben:

- Verpflichtung zum festgelegten Qualitätslevel
- Einsatz von Präventivmaßnahmen anstelle von Inspektionen, um gezielt fehlerfreie Produkte zu erhalten
- Benützung von statistischen Methoden zur Auswertung von Prozessen/Abläufen und Produktqualität
- Offenheit um Prozesse und Qualitätsdaten mit den Kunden auszutauschen
- Weitergabe von Anforderungen an deren Lieferanten, um defektfreies Material zu realisieren
- Technisches Know-how und Entwicklungsreife
- Fähigkeiten, um Probleme im Zeitbereich aufzunehmen und zu lösen
- Produkt- und Prozess-Änderungsroutinen
- Fähigkeit, Produkte on time zu liefern

Der Qualitätsplan ist ein wichtiger Faktor in einem Unternehmen, der von der QA (Quality Assurance) erstellt wird, und sollte dann von allen beteiligten Fachbereichen gesehen, kommentiert und abgezeichnet werden.

Im Anhang Checklisten und Tipps für das Qualitätsmanagement ist ein Übersichts-Qualitätsplan mit englischen Ausdrücken für elektromechanische Geräte aufgeführt. Der folgende Qualitätsplan für Produkte ist sehr detailliert aufgebaut und berücksichtigt alle Aspekte wie Qualität, Zuverlässigkeit, Zertifizierung und Freigabe zum Kunden.

Qualitätsplan für Produkte

Produkt .... Produktname ....

Unterschriften:

Qualitätsmanagement, Name ....

Marketing-Manager, Name ....

Entwicklung-Manager, Name ....

Montage-Manager, Name ....

Kundendienst-Manager, Name ....

General Manager, Name ....

Verteiler:

..

Inhaltsliste

A Einführung und Beschreibung

Der Qualitätsplan beschreibt die Strategie des Unternehmens hinsichtlich aller Anforderungen an das Produkt sowie der notwendigen Organisationsstrukturen, um die geplanten Produkte in den Bereichen

- Entwicklung
- Sourcing/VQM
- Montage
- Kundendienst
- Marketing

im festgelegten Zeitbereich abwickeln zu können.

B Produktbeschreibung

Das oder die Produkte sollten detailliert in den einzelnen Untergruppen oder Modulen definiert und gelistet werden.

Produktname	
Untergruppe / Module - Name	Beschreibung
1	
n	

Abbildung 31: Tabelle Produkt 1

C Verantwortlichkeiten Qualitätsmanagement

Der Bereich Qualitätsmanagement ist für die Ausarbeitung des Qualitätsplanes im Zuge von TQM (Total Quality Management) in Zusammenarbeit mit allen involvierten Bereichen zuständig. Alle Punkte müssen aber mit dem zuständigen Management diskutiert, abgestimmt und anschließend nach Fertigstellung von allen genehmigt und unterzeichnet werden.

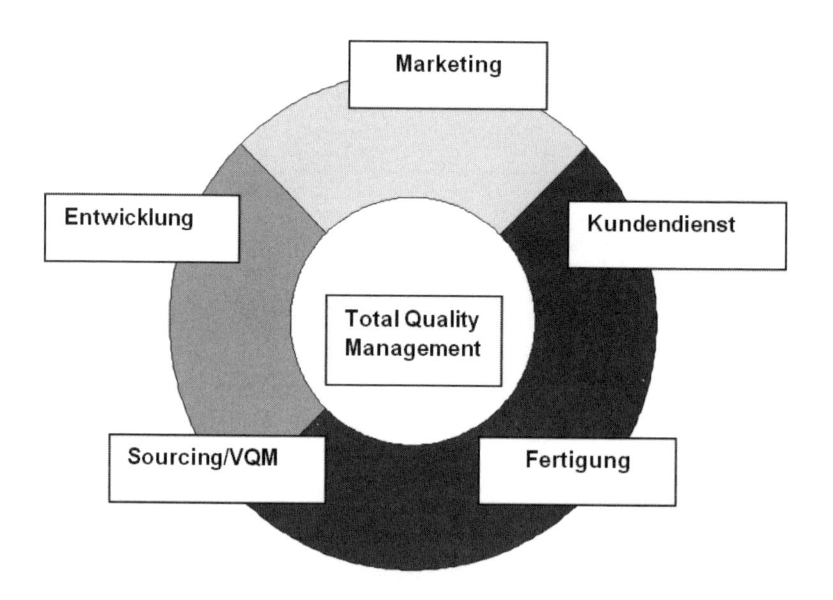

Abbildung 32: Kreislauf Total Quality Management

D Qualitätsanforderungen

Bei weltweiter Auslieferung der Produkte oder Systeme sollten alle notwendigen Organisationen und Ressourcen verfügbar sein, um die hohen Qualitäts- und Zuverlässigkeitsanforderungen und die notwendigen Zertifizierungsanforderungen der Kunden zu gewährleisten. Daraus folgt eine Festlegung in der Spezifikation, dass der

DPPM-Wert (Defective Parts Per Million)

des Produktes oder der Baugruppe in der Garantiezeit nicht unterschritten wird (z.B. DPPM 500).

D.1 Qualitäts-Verantwortlichkeiten Entwicklung

Die Entwicklung hat die gesamte Verantwortung für das Design und die Überprüfung, wobei Testaktivitäten durch den Lieferanten/Partner durchgeführt werden. Die Überprüfung der Ergebnisse hat dann durch die Entwicklung zu erfolgen.

Tests und Freigaben	Funktionstests
durchgeführt	Anwendungstests
von der Entwicklung	Benchmark-Tests
	Zuverlässigkeitstest (>75 % Vertrauensbereich) mit 20 Mustern
	Stress-Tests
	Diagnostik-Test und Auswertung
	Produktsicherheits- und Geräuschpegel-Tests
	Umgebungseinflusstests
	Verpackungstests
	Produkt Assessment
	Freigabe aller lieferbaren Produkte an selektierte Kunden
	Zuverlässigkeits-Assessment der Montage-Ergebnisse
	FAI (First Article Inspection)
	Pilot-Test
	Lieferbare Produkte und Ersatzteile
	Freigabe aller lieferbaren Produkte weltweit

Abbildung 33: Tabelle Funktionstests, Assessment und Freigaben

D.1.1 Anforderungen und Checkliste für die Funktionstests

Anforderungen	Ja	Nein	Kommentar
Durchführung aller in der Spezifikation gelisteten Parameter und Funktionen			
1 z.B. Prüfung aller Untergruppen und deren Schnittstellen			
2 z.B. Zeitabläufe und Signalqualität mit Analyse			
3 z.B. Temperatureinflüsse			
4			
n			

Abbildung 34: Tabelle Anforderungen Prüfungen

Die einzelnen gelisteten Parameter und Funktionen eines Produktes müssen von der Entwicklungsabteilung nach Erhalt der ersten Muster Schritt für Schritt basierend auf dieser Checkliste abgearbeitet werden. Jeder Parameter wird gemessen, geprüft und ausgewertet und je nach Ergebnis in der Checkliste mit Ja oder Nein und wenn notwendig mit einem Kommentar versehen.

D.1.2 Anforderungen Diagnostics

Bei Diagnostic-Software kann grundsätzlich von zwei Varianten ausgegangen werden:

- Diagnostic S/W wird bereits im System gespeichert
- Diagnostic S/W wird von extern zur Prüfung des Systems geladen

Welche Variante eingesetzt wird, hängt von der Vertriebs- und Service-Strategie ab und muss detailliert in der Produktspezifikation beschrieben werden:

- automatische parametrisierte Ausführung der S/W für alle Baugruppen
- Fehler-Level/Fehler-Code-Erkennung und Listung
- Fehlerabdeckung für alle Baugruppen >90 %
- Prüfung aller Konfigurationsmöglichkeiten
- Prüfung aller Schnittstellen
- Prüfzeit aller Baugruppen und Konfigurationen
- keine Unterbrechung der Prüfung, wenn eine Baugruppe nicht erkannt wird
- Testsoftware-Verfügbarkeit in der Entwicklungs-, und zwar in der B-Phase

D.1.3 Kriterien DFX

DFX (Design For X) deckt alle möglichen Entwicklungskriterien für ein Produkt ab und wird wie folgt unterteilt in

- **DFR (Design for Reliability)** - Entwicklungsstrategie hinsichtlich Zuverlässigkeit
- **DFM (Design for Manufacturability)** - Entwicklungsstrategie hinsichtlich kostengünstiger Produktion
- **DFL (Design for Logistics)** - Entwicklungsstrategie hinsichtlich Reduzierung der Produktanzahl, der Baugruppen/Bauteile, der Lieferanten und des Warenlagers

DFR (Design for Reliability)

Anforderungen	Ja	Nein	Kommentare
Spezifikationsparameter			
Entscheidung über MTBF Wert			
Kalkulation des MTBF Wertes			Basierend auf vorgegebener Stückliste
Kritische Bauteile			nur ein Lieferant neueste Technologie Lebensdauer limitiert hat spezielle Parameter
Durchführung von Umwelteinflusstests			Fixiere Grenzen
Durchführung von Systemtests			
Durchführung von Qualitäts-Audits			

DFM (Design For Manufacturability)

Das neu zu entwickelnde Produkt soll in der Fertigungs- und Testzeit um x % (z.B. 40 %) günstiger sein als das Vorgängerprodukt.

Wie kann dies realisiert werden? Zum Beispiel:

- Standard-Bauteile
- Snap-in-Technologie
- keine Justagen
- Top-Down-Montage
- automatisierte Tests
- automatischer Diagnostic-S/W-Ablauf
- Fehlerabdeckung der Testsoftware >90 %
- Minimierung der Verpackungsgröße

Die gelisteten Parameter sind Beispiele und sind natürlich von Produkt zu Produkt neu zu definieren und auszuarbeiten. Der Kostenanteil pro Parameter ergibt dann die gesamte Kostenreduzierung für das neu zu entwickelnde Produkt. Die Kreativität der Entwickler ist hier zu fordern und umzusetzen.

DFL (Design for Logistics)

Was ist die Zielsetzung für diesen Parameter?
Verbesserung der gewünschten Kundenverfügbarkeit um x %
Reduzierung der überflüssigen Lagerteile um x %

Was sind die Kriterien?

- Optimierung der Baugruppen und Nutzung von Standardbauteilen und vorhandenen
- Basisplattformen
- Kostenanalyse von Baugruppen, die nachträglich vom Kunden oder Service eingebaut werden können
- Reduzierung der Lieferantenanzahl
- Reduzierung der Unique-Bauteile
- Analyse von Problemen vor Start einer Produktion
- Auswertung vom internen DFL-Ergebnis mit den verfügbaren Wettbewerbs DFL-Ergebnissen

Hier müssen Punkt für Punkt realistische Werte angefordert und fixiert werden die auch vom Management überprüft werden können.

D.1.4 Anforderungen Umgebungseinfluss- und Stress- Tests

Anforderungen	Ja	Nein	Kommentare
Temperaturtest			Nach freigegebener Spezifikation
Temperatur Stress Test			Start bei spezifizierten Werten, erhöhe die Werte bis der praktische Stresswert erreicht wird
Vibrationstest			Nach freigegebener Spezifikation
Schocktest			Nach freigegebener Spezifikation

D1.5 Anforderungen für Workload und Zuverlässigkeit (MTBF/MTBSC/MTTR)

Aus der Marktuntersuchung ergibt sich die Belastungsmatrix für das zu entwickelnde Produkt.

- Wer bedient das Produkt?
- Wie viele Stunden wird das Produkt pro Tag/Woche/Jahr betrieben?
- Mittelwertbelastung für das Produkt pro Tag/Woche/Jahr.

Diese Werte müssen für jedes Produkt detailliert durch Marktanalysen erarbeitet und dann in die Produktspezifikation übergeführt werden. Dies ist dann die Basis für die Baugruppen- und Gesamtprodukt-MTBF-Werte und außerdem die Grundlage für die durchzuführenden Lebensdauertests.

Basis-Parameter sind:

MTBF 0	Meantime between Failure bei Temp. T0	(Stunden)
MTBF	Meantime between Failure bei Temp. TU	(Stunden)
MTBSC	Meantime between Service Call (0,75 * MTBF)	(Stunden)
MTTR	Meantime to Repair	(Stunden)
MTBF = 1/Lambda	(Lambda-Fehlerrate)	(Stunden)

Baugruppe		MTBF 0	T0	TU	MTBF	MTBSC	MTTR
Gesamtsystem							

Die einzelnen MTBF-Werte müssen mit dem Partner/Lieferanten in einer Spezifikation nach den geforderten Temperaturwerten festgelegt werden. Dies kann aber auch auf einer Basis von 25 °C erfolgen, wobei dann die höhere Temperatur über einen Faktor, der vom Unternehmen festgelegt wird, berechnet wird. Hierbei muss der MTBF-Wert reduziert werden.

Ein weiterer Faktor ist der Luftdruck, der sich mit steigender Höhe verändert und die Zwangsbelüftung von Produkten beeinflusst. Die Geräte werden dann bei zunehmender Höhe (Basis ist immer 500 m) intern wärmer, wobei dann die Fehlerrate Lambda größer und umgekehrt proportional der MTBF-Wert reduziert wird.

D.1.6 Entwicklungsteam

Die Aufgabenverteilung im Entwicklungsteam ist detailliert in einer Matrix mit Aktivitäten und verantwortlichen Entwicklern aufzuführen.

Aktivitäten	Produkt 1	Produkt n
	Name/Telefon	Name/Telefon
Funktionstest H/W und S/W		
Benchmarktest		
Zuverlässigkeitstest		
Umgebungseinflußtest		
Stresstest		
Produktsicherheitstest		
EMV/EMI Test		
RASUI		
Geräuschpegeltest		
Verpackung		
Diagnostic Test		
Pilot Testsystem		

D.2 Qualitäts-Verantwortlichkeiten technisches/kommerzielles Sourcing und Vendor Quality Management (VQM)

D.2.1 Auswahl und Qualifizierung der Lieferanten/Partner sowie Rating

D.2.2 Auswertung der Produktion und Ablaufprozess beim Lieferanten/Partner

D.2.3 Qualitätsanforderungen für Lieferanten/Partner

D.2.4 Kriterien zur Produktqualifizierung und Abnahme/Prozess-Audits/Datenanalyse

D.2.5 Kriterien zur Verbesserung der Qualität und Kosten durch **RASUI**

Reliability: höhere MTBF-Werte
3 Jahre Garantiezeit oder wenn möglich höher

Availability: Out of Box Quality
kurze Lieferzeit
Produktion an verschiedenen Orten

Serviceability:	Entwicklungsauslegung für einfache Wartbarkeit Service-Diagnostik (Level 0 im Gerät)
Useability:	ergonomisches Design niedriger Geräuschpegel
Installability:	Plug and Play Design Upgrade vom Benutzer möglich Standard-Bauteile und Baugruppen

D.2.6 Vertragsgestaltung/Verhandlung und Abschluss

D.2.7 Kriterien für Produktabnahme beim Lieferanten/Partner

D.2.8 Source Inspection Procedure, QVL, SPC, CLCA Technique

D.2.9 Koordination und Interface zwischen Unternehmen und Lieferanten/Partner

D.2.10 Anforderungen Bestellwesen/Logistik und Flexibilität

D.2.11 Folgende Baugruppen-/Produkt-Qualitätszielsetzungen müssen nach den spezifizierten Parametern eingehalten werden. Zeigen drei hintereinander folgende Lieferungen bei deren Inspektion Abweichungen, so muss VQM sofort die notwendigen Aktionen beim Lieferanten initiieren.

Baugruppe/Produkt	**DPPM Rate z.B.**
Baugruppe 1	500
Baugruppe n	800
Produkt 1	100
Produkt n	80

D.3 Qualitäts-Verantwortlichkeiten Fertigung/Montage

D.3.1 Erste Produktinspektion

D.3.2 Run-in-Test und ORT

D.3.3 Audits

D.4 Qualitäts-Verantwortlichkeiten Kundendienst

D.4.1 Weltweite Kundendienst-Struktur

D.4.2 Lieferbare Produkte freigegeben von der Entwicklung

D.4.3 Anforderungen Diagnostics

D.4.4 Weltweiter Produktservice

D.4.5 Weltweite Fehlerverfolgung und CLCA

D.4.6 Weltweite Verfügbarkeit von Ersatzteilen

D.4.7 Weltweite Garantieabwicklung

D.5 Qualitäts-Verantwortlichkeiten Marketing

D.5.1 Prüfpunkte im Marketing-Qualitätsplan

D.5.2 Out-of-Box-Prozess

D.5.3 Überprüfung der Garantieabwicklung

E Referenzunterlagen

- Produktspezifikationen
- Standards und Vorschriften für Produktsicherheit und elektromagnetische Verträglichkeit
- Entwicklungs-Testplan
- Qualitätsanforderungen für Produkte und Untergruppen
- MTBF-Kalkulation
- Produktabnahme-Plan
- Verträge NDA, LOI, OEM

F Organisationsstrukturen und Verantwortlichkeiten

Verantwortlich für	Produkt 1	Produkt n
	Name/Telefon	Name/Telefon
Produkt Realization Team Leader		
Global Sourcing und VQM Manager		
Produkt Management Manager		
Entwicklungs- Manager		
Qualitäts- Manager		
Fertigung/Montage Manager		
Kundendienst Manager		
Geschäftsleitung /GM/VP		

G Projekt-Milestones

Die in der Liste aufgeführten „Key Milestones“ sind vom Qualitätsmanagement oder vom Projektmanagement oder sogar von beiden zu prüfen, ob die festgelegten Termine eingehalten werden.

Aktivität		Produkt 1	Produkt n
Marketing Plan fertig			
Produktdefinition fertig			
Businessplan fertig			
Produktspezifikation fertig			
Make or Buy Entscheidung			
OEM Vertrag verfügbar und verhandelt			
Modellverfügbarkeit A/B/C			
Funktionstests A/B Modelle abgeschlossen			
Zuverlässigkeitstest abgeschlossen			
Zertifizierung Produktsicherheit/EMV/EMI vorhanden			
Bestellung Werkzeug			
Produktionsplan fertig			
Risk Bestellung getätigt			
C Modell Test/Pilot Test abgeschlossen			
First Article Inspection erfolgreich abgeschlossen			
Freigabe zum Markt			

H Fehlerhandhabung

Für die Fehlerhandhabung werden folgende CLCA-Werkzeuge eingesetzt:

Entwicklung — System ...... ECN Engineering Change Notice

Global Sourcing — System ...... Lieferanten CLCA
RMA-Prozess

Fertigung	System ...... Prozessverbesserung CLCA Lieferanten-Datenbasis
Qualitätsmanagement	System ...... RMA-Prozess Garantie-Datenbasis
Kundendienst	System ...... Hotline-Datenbasis

I Lieferanten/Partner-Kontaktpersonen

Listung aller Projektbeteiligten inklusive Lieferanten mit:

- Adresse
- Telefon
- Fax
- E-Mail

J Eskalationsprozess

Eigene und/oder Partner/Lieferanten-Produktion

Um eine konstante Produktionsqualität zu erhalten, wird der Eskalationsprozess in einer Entscheidungsmatrix dargestellt und unterscheidet sich in:

- Funktionstest
- Run in/Burn in Test / Ongoing Reliability Test

Der Funktionstest bezieht sich auf das fertige Produkt und auch auf die einzelnen prüfbaren Baugruppen.

Funktionstest

Entscheidungszone	Defect free*	Baugruppe 1	Baugruppe n	Produkt	Aktionen
Grün	....				Routine
Gelb	....				Achtung
Rot	....				kritisch
	....				sehr kritisch

* Werte müssen auf den geforderten Produkt-Qualitätslevel fixiert werden.

Achtung-Einstufung
Ein Fehler tritt auf, der die Funktion des Gerätes einschränkt. Aktionen sind einzuleiten und innerhalb von **10** Tagen muss eine Lösung vorhanden sein.

Kritische Einstufung
Ein Fehler tritt auf, der die Funktion des Gerätes sehr stark einschränkt. Aktionen sind sofort einzuleiten und innerhalb von **5** Tagen muss eine Lösung vorhanden sein.

Sehr kritische Einstufung
Ein Fehler tritt auf, der die Funktion des Gerätes stoppt. Aktionen sind sofort einzuleiten und innerhalb von **1** Tag muss eine Lösung vorhanden sein.

Die hier aufgezeigten **Zeiten** sind natürlich von Produkt zu Produkt unterschiedlich und müssen vom zuständigen Management immer neu festgelegt werden.

Run in/Burn in/Ongoing Reliability
Auch hier müssen relevante Defect-free-Werte in Prozent festgelegt werden, z.B. 99,5 %. Die Entscheidungszonen erfolgen wie beim Funktionstest. Ein wichtiger Punkt ist die Festlegung der Losgröße und der Run-in-Zeit um die geforderten MTBF's mit einem Vertrauensbereich von 80 % über einen bestimmten Zeitbereich zu erreichen.

Status	Anzahl	Testzeit (h)	Produkt angeschaltet	Produkt ausgeschaltet	Totale Testzeit (h)
Start	100	48	24	24	4800
	300	24	12	12	7200
	800	12	6	6	9600
	2000	8	4	4	16000
Ende					**37600**

Abbildung 35: Tabelle Zeitdauer der Tests (Beispiel)

Der MTBF-Wert wird bei einer Stückzahl von x überprüft und ausgewertet, und zwar mit dem Vertrauensbereich von z.B. 80 %. Durch diese Maßnahme kann die spezifizierte MTBF in der laufenden Fertigung dauernd verifiziert werden. Das vorher aufgeführte Thema - Qualitätsplan für Produkte - beschreibt die Anforderungen für ein zu entwickelndes oder ein zu sourcendes komplexes Bauteil oder eine Baugruppe oder ein Gesamtprodukt. Der Teamleiter hat die Verantwortung, dieses Dokument mit den gelisteten Fachbereichen abzustimmen und dann auch von den zuständigen Managern, wenn diese damit einverstanden sind, abzeichnen zu lassen. Dieses gültige Dokument ist dann die Grundlage für den Start des projektierten Produktes. Man muss generell dazu sagen, dass Qualität und Zuverlässigkeit in ein Gerät nicht hinein getestet, sondern nur hinein entwickelt werden können. Die am Gerät durchgeführten Tests können nur den Stand der Qualität und Zuverlässigkeit des Gerätes verifizieren.

Ein weiterer wichtiger Aspekt ist, wenn ein Gerät nicht in Eigenentwicklung, sondern über Sourcing selektiert wird. Diese Information sollte dann vom Lieferanten detailliert nach einem bestimmten Schema angefordert werden. Das nachfolgende Thema - Projektinformation vom Lieferanten/Partner - behandelt alle Punkte, um erfolgreich bei den sehr wichtigen Aspekten wie der Qualität und Zuverlässigkeit eines Produktes zu sein. Denn die Garantiezeit eines Produktes bestimmt die Anforderungen an die Qualität über die Zeit, was als Zuverlässigkeit definiert wird.

Projektinformation vom Lieferanten/Partner

Der selektierte Lieferant und zukünftige Partner sollte detaillierte ergänzende Informationen und Daten für das angestrebte Projekt an das anfragende Unternehmen weiterleiten. Diese Partnerinformation, die unter NDA gestellt ist, sollte alle technischen Punkte hinsichtlich Entwicklungs-, Fertigungs- und auch Qualitätsprozesse und -prozeduren abdecken.

Der Vorschlag des Partners sollte daher folgende Hauptschwerpunkte aufweisen:

Topic 1
Teammitarbeiter für das Projekt inklusive deren Kurzbeschreibung.

Topic 2
Unterlagen über die Fertigung/Werkzeuge sowie Fertigungsmethoden mit allen Inspektions- und Testpunkten und Prozeduren.

Topic 3
Beantwortung von Anfragen hinsichtlich Entwicklung, Fertigung, Qualität/ Zuverlässigkeit und Zertifizierung, deren Prozesse und Ergebnisverifizierung.

Topic 4
Verpflichtung des Partners, alle aufgelisteten Punkte zu implementieren und in guter Zusammenarbeit und intensiver Kommunikation den Erfolg des Projektes zu gewährleisten.

Projektteam des Partners

Projektname: .... Spezifikation:	Name des Verant- wortlichen	Telefon- nummer: Büro/Privat	Ausbildung als ....*	Erfahrung beim Unternehmen in Jahren	Erfahrung im Projekt in Jahren
Geschäftsleitung					
Projektmanagement					
Entwicklungsteam Projektleiter und Koordinator H/W und S/W					
Fertigungsingenieur					
Unterstützungsteam Materialwirtschaft Logistik					

* Ausbildung: Techniker, Dipl.-Ing., Bachelor degree, MBA etc.

Die Organisationsstruktur sollte für das geplante Projekt in einem Organigramm die Geschäftsebene und auch alle Managementebenen und zuständigen Mitarbeiter und deren Verbindungen aufzeigen.

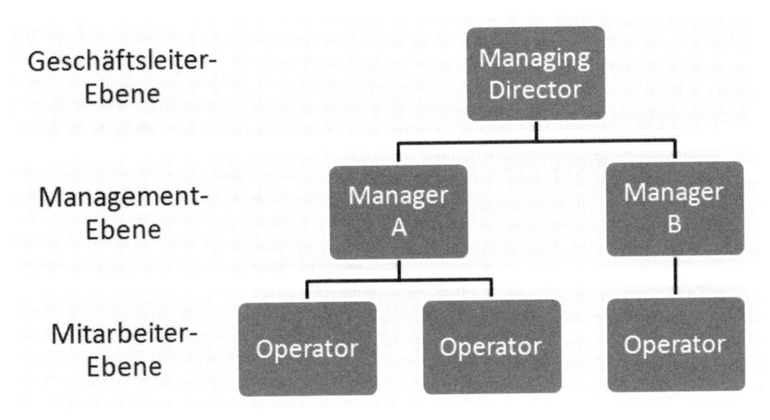

Abbildung 36: Organisationsdiagramm Partner

Sehr wichtig ist aber, die aufgezeichneten Manager als auch die Mitarbeiter persönlich kennenzulernen, um einen persönlichen Eindruck zu erhalten. Bei einem Abendessen kann ein privater und auch ein geschäftlicher Gedankenaustausch erfolgen, der Hemmschwellen abbaut und außerdem das Zusammenwachsen fördert. Hier sollte auf keinen Fall im Budget gespart werden. Dies sollte der Anfang einer intensiven Zusammenarbeit werden, um anstehende Probleme und Unstimmigkeiten partnerschaftlich zu klären. Hieraus ergeben sich auch Möglichkeiten, andere Kulturbereiche kennen zu lernen und wenn notwendig sich darauf einzustellen oder gegebenenfalls anzupassen. Das Erlernte kann dann bei späteren Verhandlungen elegant umgesetzt werden und vermeidet mögliche Konfrontationen. Durch diese

Anpassung wird das gesamte Geschäftsklima positiv beeinflusst. Generell kann gesagt werden, dass Lieferanten- oder Partnerbesuche sehr wichtig sind, um persönliche Kontakte zu pflegen und Informationen über

- Marktanalysen
- neue Technologien
- neue Bauteile und Baugruppen
- neue Unterlieferanten
- Neuentwicklungen
- Wettbewerbsanalysen
- Kosteneinsparungen
- neue Ländergesetze und Vorschriften
- etc.

zu erhalten.

Dies kann eine Basis für Anpassungsmaßnahmen hinsichtlich Kosten oder neuer Markgegebenheiten als auch für Folgeprodukte sein. Man sollte bei solchen Gesprächen alle notwendigen Klärungspunkte einbeziehen, um einen optimalen Input für seine Entscheidungen zu erhalten. Für die Betrachtung und Beurteilung der Lieferantenfabrik ist es notwendig, ihre monatliche Fertigungsstückzahl, mit Streuung nach oben und unten, zu kennen, damit eine detaillierte Fertigungsdurchlaufanalyse erstellt werden kann.

Fabrik-Daten	**Kommentar**
Land Ort	....
Fläche/Größe total Fabrik 1 Fabrik n	.... qm .... qm .... qm
Länge der Produktionslinie 1 n	.... m .... m
Welche Produktionslinie ist für das Unternehmen vorgesehen.	....
Layout der Fabrik mit Produktionslinien	siehe Plan/Anlage

Abbildung 37: Tabelle Fabrikdaten

Fertigungspunkte	Anzahl	Kommentar
Fertigungslinien	....	Sind alle verfügbar? .... Werden neue erstellt? ....
Anzahl der Shifts Stunden	....	1/2/3 Shifts pro Tag 8/16/24 Stunden pro Tag
Anzahl der Produkte/Tag	....	
Arbeitsstunden/Monat	....	
Anzahl der Produkte/Monat	....	

Abbildung 38: Tabelle Produktivität einer Fertigungslinie

Nummer	Geräte	Modell/Hersteller	Anzahl
1			
2			
3			
n			

Abbildung 39: Verfügbare Werkzeuge/Einrichtungen/Testgeräte

Fertigungs-Flowchart

Das Fertigungs-Flowchart muss alle Schritte der Fertigungstiefe als auch der Inspektion mit Entscheidungskriterien vom Start bis zur Verschiffung lückenlos darstellen. Der Aufbau des Flowchart hängt vom Produkt und der Fertigungstiefe ab und muss außerdem mit allen notwendigen IPQC(In Process Quality Control)-Schritten abgestimmt bzw. ausgelegt sein. Der Lieferant hat sein Flowchart der Gesamtdokumentation beizufügen.

#	Prüfpunkte	Beschreibung	Rückmeldungs-modus	Verantwortlich
1	Fertigungsschritt a		sofort nach Erkennung	Techniker
n	Fertigungsschritt n			
n+1	Visual Inspection	100 % durch Sichtprüfung	Nach 2 Fehlern	Techniker
2	IPQC	Sampling Test	Quality Standard	Prozess-Ing.
3	Power on Test	100 % Test	über definierte Ausfallrate	Fertigungs-Ing. QA
4	Funktionstest	100 %	über definierte Ausfallrate	Fertigungs-Ing. QA
5	QA	Sampling Check	Quality Standard	Line Leader QA

Abbildung 40: Beispiel CLCA (Closed Loop Correction Action)-Fertigung

Die hier aufgeführte Tabelle sollte alle Prüfpunkte, unterteilt in Fertigungsschritte, Funktionstests, Inspektionen, detailliert aufzeigen, wobei jede Rubrik eindeutig beschrieben werden muss. Die Nachvollziehbarkeit der Ergebnisse zeigt die Vollständigkeit dieser Prüfpunkte und ist die Basis für die SPC(Statistical Process Control)-Einführung bei der Abnahme des Produktes.

Wie erfolgt die Auswertung der aufgetretenen Fehler in WIP (Work In Process) im SPC-System? Welche Listen und Charts sind zur Einsichtnahme verfügbar?

Die Daten sollte wöchentlich oder monatlich von der IT/EDV zu Verfügung stehen und wenn notwendig in grafischer Form (Plots) zur Einsicht aufliegen.

Zum Beispiel die P-Charts, bezogen auf definierte Parameter:

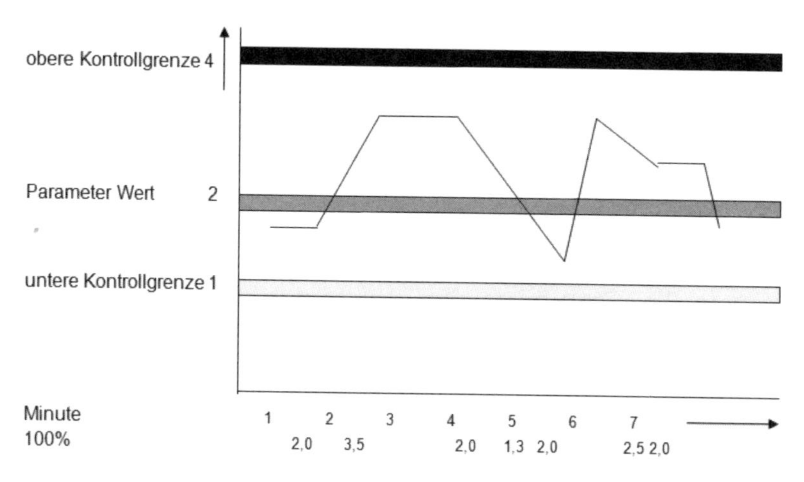

Abbildung 41: Beispiel P-Chart

Der Monatsbericht der QA (Quality Assurance), bezogen auf das gefertigte Produkt, wird wie folgt erstellt:

Produktname:........................
Modell:...................................

Monat	1	2	3	4
Losgröße	500	1000	4000	4000
Anzahl der Fehler	11	13	14	12
Fehlerrate	2,20%	1,30%	0,35%	0,30%

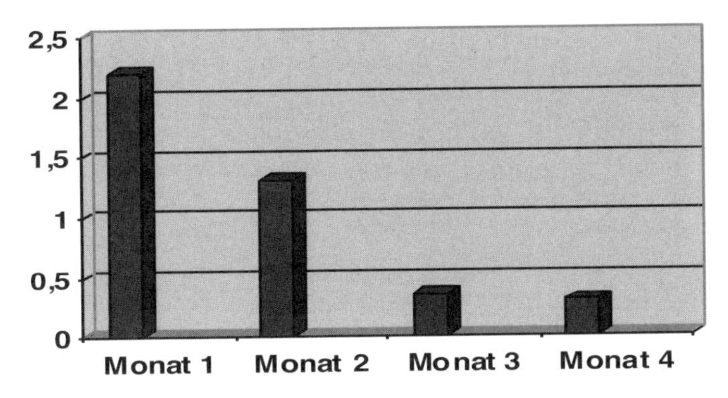

Abbildung 42: Beispiel Monatsbericht QA – Entwicklung Fehlerrate

Bei Produkten, bestehend aus Mechanik und Elektronik, kann es notwendig sein einen Burn-in-Test durchzuführen, um Frühausfälle zu eliminieren. Die Zeitdauer hängt von der festgelegten Temperatur ab. Wenn man die Kurve Ausfallrate über die Zeit betrachtet, erhält man drei Hauptteile, die folgendermaßen definiert werden:

- **Frühausfälle (Infant Mortality)**

Frühausfälle sind meistens, mit hoher Ausfallrate, hervorgerufen durch Material- und Fertigungsmängel während der ersten Phase der Badewannenkurve.

- **Konstante Ausfallrate (Useful Life)**

Zufallsausfälle, die in der Phase der Useful Life entstehen, werden normal als konstante Ausfallrate angegeben, da diese über eine lange Betriebszeit auftreten.

- **Verschleißausfälle (Wear Out Phase)**

Verschleißausfälle treten am Ende der normalen Lebensdauer auf und verursachen durch Materialermüdung/Verschleiß oder andere Einflüsse einen Anstieg der Ausfallrate.

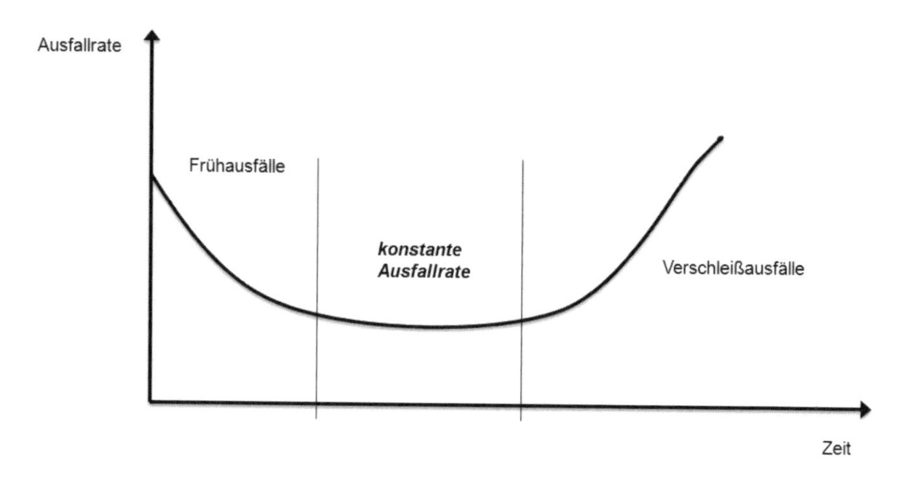

Abbildung 43: Badewannenkurve

Um den Verlauf dieser Kurve zu erlangen, muss der Lieferant einen Lebensdauertest bei spezifizierter Temperatur oder einen beschleunigten Test bei erhöhter Temperatur durchführen. Hier wird auch der MTBF- und der MCBF-Wert errechnet, der als Basisparameter mit einem Confidence Level von >90 % in der Spezifikation aufgeführt werden sollte. Der Testplan für die MTBF-Prozedur sollte folgende Parameter abdecken:

- Losgröße 20-200
- Produkte vom Warenlager
- Temperatur - abhängig vom Unternehmer
- Zeitbereich - abhängig von Losgröße und Temperatur
- Testumgebung - abhängig vom Unternehmer
- Confidence Level >90 %

Zu den Gesamtunterlagen Qualität/Zuverlässigkeit Technik sind folgende Daten zu listen:

Produktlebensdauer in Jahre

- ORT-Test-Prozedur bei laufender Produktion
- MTBF-Test wie vorher beschrieben

Umgebungseinflusstests

- Temperaturbereich ..... °C
- Luftfeuchte.................... %
- Betauungs-Temperatur... °C

Verpackungstests nach Spezifikation

- Fall-Test
- Vibrations-Test
- Stapel-Test

Produktsicherheit/EMV (Elektro-Magnetische-Verträglichkeit)

- je nach Ländervorschrift und Produktgruppen

Welche Qualitätsverbesserungs-Maßnahmen plant der Lieferant, um die geforderte Defect Rate von x PPM (**P**arts **P**er **M**illion) einzuhalten. Die PPM-Rate ist für jede Produktkategorie unterschiedlich und sollte in der Spezifikation gelistet werden.

- ISO-Zertifizierung, wenn nicht vorhanden
- höhere Fabrikautomation
- bessere Produktentwicklung
- verbesserter Bauteileeinkauf
- verschärfter Produkttest
- Verbesserte Datenanalyse
- Personalweiterbildung

Der Lieferant sollte auf jeden Fall eine Qualitätsverbesserungs-Strategie vorstellen, die eine dauernde Überprüfung aller Prozesse und Prozeduren vorsieht.

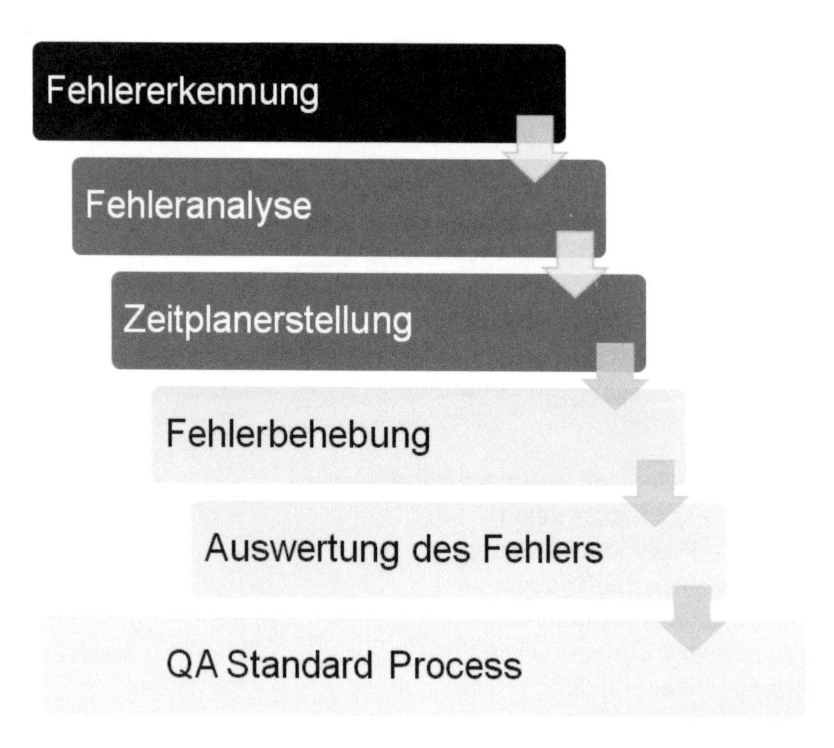

Abbildung 44: QA Standard Process

Ein wichtiger Punkt in der gesamten QA-Prozedur ist der Wareneingang beim Lieferanten und deren Handhabung mit deren Unterlieferanten. Die Qualität der Unterlieferanten ist natürlich ein gravierender Faktor in der Qualitätskette und beeinflusst das Gesamtprodukt erheblich.

Der IQCP (Incoming Quality Control Process) muss daher detailliert gelistet sein und sollte folgende Informationen aufweisen:

- Process-IQC-Flowchart
- Process-Zuverlässigkeits-Flowchart
- Process-Audits
- Lieferantenauswahl
- Lieferantenbewertung
- Lieferantenfreigabe
- Einkaufsprozedur
- Lieferantenüberwachung und Lieferplankontrolle
- Wareneingangskontrolle
- nach MIL-STD-105D und Sampling-Plan Level II

Bauelement	Acceptable Defect Rate
Mechanisches Teil	1,0 %
Elektrisches Teil	0,65 %
Verpackung	2,5 %
Plastik-Teil	2,5 %

Abbildung 45: Beispiel Tabelle Acceptable Defect Rate

- Plan für Source Inspection
- Lieferanten-CLCA
  - Fehleranalyse
  - Fehlerbehebung
  - Berichtswesen
- Materiallager-Prozedur
- Qualitätskontrolle im Lager
- FIFO (First In First Out)

Welche Qualitätsparameter fordert der Unternehmer vom Lieferanten bei der Abnahme des Produktes. Dies muss detailliert ausgehandelt und in einer Spezifikation fixiert und von den Partnern abgezeichnet werden. Nur von beiden Seiten verständliche und akzeptierte Abnahmekriterien führen zum Erfolg.

Sampling-Plan – AQL-Werte festlegen

- kritische Fehler
- Funktionsfehler
- visuelle Fehler

Inspektionspunkte und Aufzeichnungen

- Funktionstests - welche H/W und S/W-Konfiguration
- visuelle Tests nach internationalen Standards IPC oder spezielle Anforderungen
- Bericht über jedes Los oder auf wöchentlicher oder monatlicher Basis

Dock-to-Line-Prozess und Zertifizierung

Ein wichtiger Teil in der gesamten Qualitätskette ist die Anlieferung vom Lieferanten zum Kunden ohne vorhergehende Prüfung entweder durch Source Inspection oder durch eine Wareneingangsprüfung. Dies ist nur möglich, wenn die SPC(Statistical Process Control) von beiden Seiten akzeptiert wird und reibungslos funktioniert. Außerdem muss vor Implementierung dieses Systems vom Kunden eine detaillierte Prüfung über die Source Inspection Procedure beim Lieferanten erfolgen. Nach Akzeptierung dieses Prozesses und erfolgreicher Implementierung des SPC-Systems kann in eine Dock-to-Line-Lieferung vom Kunden zugestimmt werden. Wie dies erfolgen kann, wird in einem Zertifizierungs-Prozess definiert. Der Erfolg wird sich erst nach Durchlaufen dieser Prozedur einstellen.

Dock-to-Line Part Certification Process

Die DTL Part Certification bedeutet, dass der festgelegte Confidence Level in allen Lieferanten-bezogenen Prozessschritten eingehalten wird. Basierend auf diesem Ergebnis kann der Lieferant dann direkt in das Lager oder in die Assembly Line liefern. Drei Hauptaktivitäten müssen vollständig abgeschlossen sein, bevor der Lieferant als DTL-zertifiziert eingestuft wird:

- Lieferanten-Auswertung
- Joint Management Commitment-Unternehmen/Lieferant
- Teile/Produkt-Auswertungs-, Qualifizierungs- und Zertifizierungs-Plan verfügbar (hält alle Anforderungen ein)

Die Teile/Produkt-Zertifizierungs-Aktivitäten können variieren, abhängig von drei allgemeinen Produkt-Kategorien, die vom Lieferant gefertigt werden.

Dies sind:

- Teile vom Lager (Standard-Produkte)
- kundenspezifische Teile
- Subsysteme oder Systeme

Dock-to-Line-Zertifizierung

Anforderungen

- Sample-Test von jeder Lieferung des Partners in Übereinstimmung mit den festgelegten Qualitätsparametern des Abnahme-Dokuments (Spezifikation)
- aufeinanderfolgende Lose sind in Übereinstimmung mit dem Abnahme-Dokument und zeigen keine Abweichungen zu den festgelegten Qualitätsparametern
- drei aufeinanderfolgende Liefermonate zeigen PPM-Werte die gleich oder kleiner sind als

2000	PPM im Jahr ...	(99,80 %)
500	PPM im Jahr ...	(99,95 %)
100	PPM im Jahr ...	(99,99 %)

Detaillierte Zahlen sind abhängig von der jeweiligen Produktgruppe

- SPC(Statistical Process Control)-Daten vom Lieferanten korrelieren mit den festgelegten Qualitätsdaten bzw. Parametern
- SPC-Daten stehen bei jeder angesetzten Source Inspection für das zu testende Los, wenn notwendig, zur Verfügung
- Informationen über geplante Prozessänderungen stehen frühzeitig und ohne Aufforderung zur Verfügung
- Der Änderungsdienst ist lückenlos dokumentiert

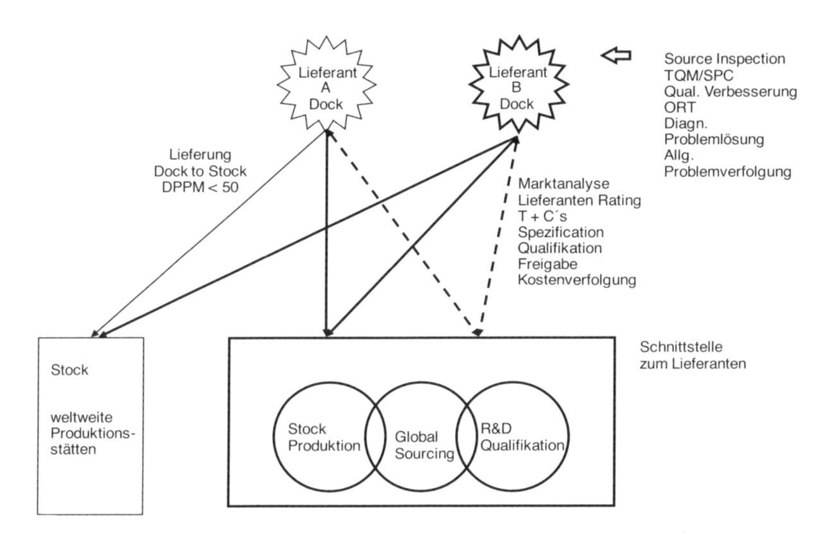

Abbildung 46: Dock-to-Stock-Lieferungen

Die Zertifizierung von Lieferanten lässt sich in fünf Stufen festlegen und zeigt dann das Zertifizierungsniveau von Stufe 1 bis Stufe 5. Wobei S1 für zertifiziert und S5 für ausphasiert steht. Die Kriterien sind unbedingt einzuhalten, um den Status eines jeden selektierten Lieferanten übersichtlich ersehen zu können. Weiterhin kann man daraus ersehen, ob ein Lieferant weiterentwickelt werden kann oder ausphasiert werden muss.

Einstufung	Stand	Kriterium
S1	zertifiziert	*ausgezeichnet* Performance in kommerziellen und technischen Belangen ausgezeichnet. Demonstriert über 12 Monate.
S2	verpflichtet zur Zertifizierung für S1	*akzeptierbar* Lieferant verpflichtet sich, sich für Level S1 zertifizieren zu lassen.
S3	Auswahl mit min. Risiko	*durchschnittlich* Lieferant wird als bevorzugt eingestuft ,Geschäfte mit min. Risiko. Es wird strategisch entschieden, eine Partnerschaft mit dem Lieferanten einzugehen. Die Zertifizierung für S1 muss innerhalb von 6 Monaten abgeschlossen sein.
S4	taktische Auswahl	*muss verbessert werden* Lieferant wird nur herangezogen, wenn taktisch notwendig.
S5	in Ausphasierung	*nicht akzeptierbar* Lieferant wird nicht mehr für neue Produkte herangezogen.

Abbildung 47: Beispiel Tabelle Lieferanteneinstufung

Qualitätsbewusste Kostenreduzierung durch Learning Curves / Lernkurven

Lernkurven zeichnen sich aus, durch das Sammeln von Erfahrungen und Erkenntnissen und können in allen Sparten, betrieblichen Bereichen wie

- Entwicklung
- Beschaffungsbereich
- Fertigung, Produktion
- Qualitätswesen

angewendet werden. Dies hängt natürlich von den Gegebenheiten des Produktes als auch von der Verarbeitungsmethode ab, was sich in bestimmte Kategorien einteilen lässt:

- automatische Fertigung
- maschinelle Fertigung
- gemischte Fertigung und Montage
- Einzelfertigung

Wird ein Produkt selektiert, das bereits in hohen Stückzahlen gefertigt wird, so ist die Learning Curve nicht das geeignete Mittel, um Kosten zu senken.

Hier müssen andere Parameter als Kostensenkungsmaßnahme herangezogen werden. Kann die Fertigungsstückzahl aber durch das Einbringen von Aufträgen gesteigert werden, so ist auch hier die Learning Curve nach den oben aufgeführten Kategorien anwendbar. Durch die komplexe Verkettung der Prozesse von der Entwicklung, Beschaffung, Produktion und Qualitätswesen wirken sich die Lerneffekte vielschichtig aus und beeinflussen die Kosten des Produkts erheblich. Dies sollte bei Verhandlungen in Betracht gezogen werden, damit für den Kunden realistische Einkaufspreise erzielt werden können. Der Erfolg wird sich aber nur einstellen, wenn die Kunden-Verhandlungsmanager auf diesem Gebiet firm sind und die richtigen Verhandlungsmethoden ansetzen.

Eine kurze Beschreibung der Learning-Curve-Ableitung

Die Learning Curves wurden als Erstes bei Unternehmen in den USA angewendet und die Basis war, die Lernprozesse bei der Produktionsplanung und Kontrolle zu berücksichtigen. Da alle Untersuchungen der Lernprozesse auf empirischer Basis erfolgen, können durch die Anwendung im doppellogarithmischen Bereich die Parameter Fertigungskosten (y) und kumulierte Produktion (x) durch eine Gerade dargestellt werden.

Beispiel

Für die Produktion eines ersten Produktes werden 200 Stunden aufgewendet. Bei einer Verdoppelung der Stückzahl wird durch den Lernprozess eine Verringerung der Produktionszeit von 10 % angenommen. So ergibt sich für das zweite Produkt eine Aufwendung von 200 x 0,9 = 180 Stunden. D.h., das Produkt kann in dieser Hinsicht bei den anfallenden Lohn- und Gemeinkosten reduziert werden, was sich auf die Gesamtkosten positiv niederschlägt. Wie schon erwähnt, hängt dies natürlich von den verschiedenen Produktsparten und dem Automatisierungs-Level ab. Somit können folgende Richtwerte, die auf Erfahrung basieren, herangezogen werden.

90 - 95 %	Learning Curves für automatische Produktion
<90 %	Learning Curves für maschinelle Fertigung
75 - 85 %	Learning Curves für gemischte Fertigung/Montage
<70 %	Learning Curves für Musterfertigung und kleine Stückzahlen

Wird ein Wert von 100 % dargestellt, so bedeutet dies, dass kein Lernprozess stattfindet und somit eine waagrechte Gerade anzusetzen ist. Bei einer Darstellung von 50 % würde dies bedeuten, dass die zweite Hälfte der verdoppelten Stückzahl keinen Aufwand mehr erfordert. Beträgt die Reduzierung des Aufwandes je Produkt bei der Verdoppelung der Produktion 10 %, so redet man von einer 90 % Learning Curve.

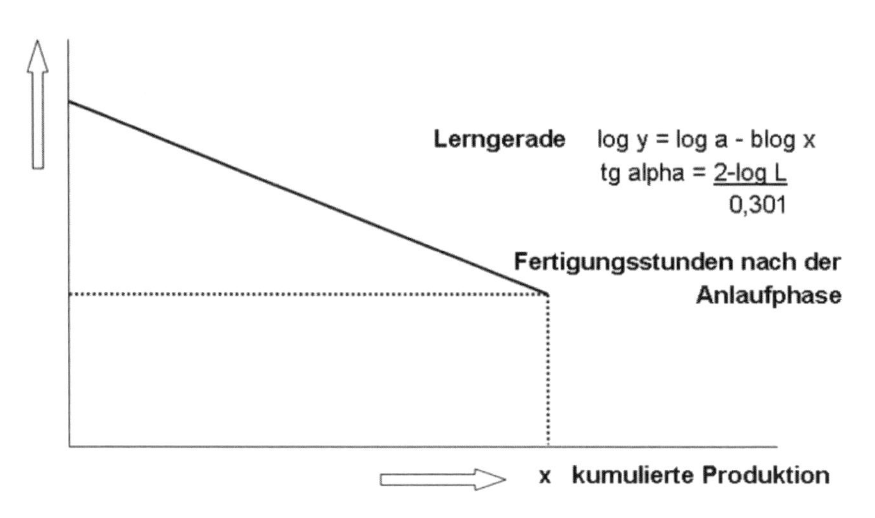

Abbildung 48: Fertigungskosten und Lernkurve

Die Anwendung der Learning Curves hängt natürlich sehr stark von den vorgegebenen Sparten und Produkten ab und muss je nach dieser Sachlage adaptiert werden. Ein Standardwert basierend auf langjähriger Erfahrung kann mit einer 80 % Learning Curve rechnen.

Eine Offenlegung der Produktgesamtkosten (open book) sowie Automatisierungsgrad durch den Lieferanten gibt Transparenz für eine Kalkulation und einen Einsatz der Learning-Curve-Berechnung.

Beispiele:

- Einsatz besserer Werkzeuge
- höherer Automatisierungsgrad
- Dock-to-Stock-Lieferung bei Modulen und Komponenten
- verbesserte Wareneingangskontrolle
- effiziente Inline-Inspektion
- Anwendung von SPC(Statistical Process Control)
- Verringerung von Ausschuss
- Reduzierung von Leerlauf- und Stillstandszeiten
- reibungslosere Zusammenarbeit von Bereichen
- bessere und schnellere Fehleranalyse

- Reduzierung von Fehlern durch Burn-In- und Ongoing-Reliabilitytests
- Training von Personal
- Einführung von Total Quality Management
- Einführung von DFM (Design For Manufacturing)
- Einführung von RASUI

Das Zusammenfassen all dieser als Beispiel aufgeführten Punkte ergeben den statistischen Ausdruck für die Learning Curve. Diese Maßnahmen können in drei Schritten implementiert werden:

- kurzfristig
- mittelfristig
- langfristig

Die gesamten gelisteten Aktivitäten sind in diese drei Kategorien einzuteilen und im festgelegten Zeitrahmen, unter Berücksichtigung der Kostenreduzierung, in eine dynamische Learning Curve überzuführen. Durch das Zusammenlegen von Bauteilstückzahlen mit dem Lieferanten/Partner können bei Zulieferern „Ball Park" Effekte eintreten, die zu einer Reduzierung der Bauteilpreise führt.

Um die Kosten immer im Griff zu behalten, sollten zyklisch Verhandlungen (z.B. 3-Monats-Zyklus) mit dem Lieferanten/Partner anberaumt werden, damit die notwendige Produkttransparenz erhalten bleibt.

Ein Produkt-Audit ist die beste Überprüfung eines Produktes und eines Lieferanten hinsichtlich der Konstanz der Qualität und Zuverlässigkeit.

Im Anhang Checklisten und Tipps für das Qualitätsmanagement ist ein detaillierter Audit-Plan aufgeführt. Dieser Plan zeigt alle relevanten Testphilosophien nach den modernen Testmethoden und Abhandlungen auf.

Die Verpflichtung des Unternehmensmanagements hinsichtlich TQM (Total Quality Management)

Das gesamte Team eines Unternehmens muss darauf ausgerichtet sein, dass eine regelmäßige Überprüfung der Qualität und der Kosten stattfindet, sowie eine permanente Verbesserung der Effektivität der Business-Prozesse und eine Erhöhung der Kundenzufriedenheit angestrebt wird.

Das vom Qualitätsmanagement installierte TQ-System sollte folgende Parameter und Charakteristiken befolgen:

- Kundenzufriedenheit extern als auch intern, d.h. auch das bessere Verstehen der Kundenanforderungen und deren Umsetzung.
- Einführung einer Managementverantwortung, die zu präventiv orientierten Qualitätsmaßnahmen führt.
- Dauernde Verbesserung der Prozesse und Rückführung aller Aktionen zur Root-Cause-Auswertung aller Business-Abhandlungen.
- Forcieren von Mitarbeiterverantwortung und -ausbildung, damit das notwendige Know-how und Fachwissen in das Qualitätsbewusstsein übernommen und umgesetzt werden kann. Dies gilt sowohl für das Management als auch für alle Mitarbeiter des Unternehmens.
- Installierung einer S/W für Qualitätskostenerfassung für Produkte und Service, um ein Messsystem zur Erkennung der Leistungsfähigkeit zu erhalten. Daraus sollte der Antrieb zu laufenden Verbesserungen erfolgen.

Wenn man in einem Unternehmen nicht in der Lage ist, TQM (Total Quality Management) zu installieren, so wird sich jeder Qualitätsmanager die Haare raufen, denn alle maßgebenden Punkte, die hier gelistet wurden, können nicht bewusst in die Gesamtstrategie einfließen.

- Prozess-Definitionen und -Prozeduren nach ISO 9000
- Produktanforderungen Funktion/Parameter/Vorschriften/Qualität
- Entwicklungsablauf aus Sicht der Qualitätsoptimierungs-Tests
- Auswahl und Beurteilung von weltweiten Partnern
- Qualitätsprozesse für den Partner - SPC/Audits
- Absicherung durch OEM-Verträge - kommerziell/technisch/rechtlich/ Preisbindung/Abweichungen
- Abnahmebedingungen - AQL/DPPM
- Versand vom Partner ins eigene Lager ohne Wareneingangskontrolle - Out-of-Box-Quality
- Handhabung von Feldproblemen in- und außerhalb der Gewährleistung
- Freigabe für die weltweite Produktion - Unterlagen/Beschreibungen

5.3 Vertragsgestaltung, Vertragsmethodik und Abwicklung

Für einen reibungslosen Geschäftsverlauf ist die Auswahl von anwendbaren und vom Partner akzeptierten Verträge ein enorm wichtiger Schritt, damit alle relevanten Punkte bezogen auf Outsourcing abgedeckt werden können. Die Vereinbarungen mit dem Lieferanten müssen ausgefeilt und verbindlich definiert werden, um eine Kosten- und Haftungsspirale zu vermeiden. Was Großkonzerne vorexerzieren, sollte auch verstärkt durch kleinere Betriebe wahrgenommen werden. Der Vertrag sollte den Dialog zwischen Partnern nicht ausschließen, sondern im Gegenteil fördern, damit Vertrauen und Kommunikation die Garanten für einen reibungslosen Ablauf sind.

Bedingt durch den Kostendruck kommt der zunehmende Trend auch zur Just-in-Time-Lieferung und ruft deshalb ein Umdenken hinsichtlich Qualitätsmaßnahmen hervor, was in detaillierte und ausgereifte Qualitätssicherungsverträge mündet. Die Formulierungen dieser Punkte sind sehr wichtig für eine rentable Zusammenarbeit mit einem zukünftigen Lieferanten oder Partner. Bei Verträgen mit Lieferanten im Ausland ist es sinnvoll, bevor verhandelt wird, abzuklären, ob die deutsche Gesetzgebung auch in diesem Land gültig ist oder Ergänzungen einzuplanen sind, damit die Rechtslage für beide Parteien eindeutig ist. Außerdem ist es sehr wichtig, auf den Gerichtsstand zu achten bzw. internationales Recht anzuwenden.

Welche Verträge sollten in welcher Reihenfolge abgeschlossen werden:

1) **NDA** Non Disclosure Agreement

2) **LOI** Letter of Intent

3) **OEM** Original Equipment Manufacturer Purchase Agreement

4) **PSA** Product Supply Agreement

5) **QA** Quality Agreement

Die Vertragsart hängt natürlich von den Anforderungen an einen Lieferenten/Partner ab und kann selektiv ausgewählt und angepasst werden.

Hier einige Beispiele:

General and Confidentiality Agreements

- Non Disclosure Agreement
- Disclosure Agreement
- Letter of Intent

Purchase/Sales and Miscellaneous Agreements

- OEM Purchase Agreement
- Product Supply Agreement
- Quality Agreement
- Partnership Agreement
- Product Design and Development Agreement
- Software Development Agreement
- Software Licence Agreement
- Manufacturing Licence Agreement
- Sales Agreement
- Service Contract

Die Entscheidung, welche Verträge eingesetzt werden, ist abhängig vom jeweiligen Unternehmen und Produkt und wird in den einzelnen Fachbereichen der Firmen entschieden.

Standard-OEM-Vertrag (Basic Topics)

- Background
- Definitions
- Purchase Orders
- Parts List and Prices
- Lead Time, kind of Shipment and Payment Terms
- Taxes
- Product Qualification and kind of Inspection
- Specification
- Warranty, Liability, Warranty Repair
- Confidentiality
- Infringement
- Terms and Conditions
- Manufacturing Licence
- New Technologies
- Miscellaneous

Als Anlagen/Exhibits werden oft noch ergänzende Punkte angehängt, die meistens technische Unterlagen berücksichtigen wie:

- Specifications
- Delivery Schedule
- Regulatory Requirements
- Packing and Transport Requirements

Als Basis sollte immer eine Contract Library angelegt werden. Diese Grundlage dient dazu, standardisierte Verträge einzusetzen, die dann beim Lieferanten sehr schnell adaptiert werden können.

Allgemeine Punkte zur Abwicklung

- Generelle Verträge
  - Aufbau einer Contract Library
  - notwendige Länderabdeckung
  - Sprachen
  - Gerichtsstand
- Vertragsfolge
- Vertragsstrukturen
- Anhang zum Vertrag
- Terms and Conditions
- Verhandlungstechniken
- Vertragsabschluss
- Vertragserfüllung

Beispiel:

Struktur und Aufbau-PSA(Product-Supply-Agreement) / Produkt Lieferungsvereinbarung
Content / Inhalt:

- *General / Allgemein*

Wofür ist das Produkt gedacht (Einsatzgebiet, z.B. Sicherheit/Teile für ABS-Bremssysteme). Welche Standards werden herangezogen wie Produktsicherheit, zulässige Emissionswerte, elektromagnetische Verträglichkeit, Umgebungseinflüsse, nicht akzeptable toxische Materialien, welche Länderregularien finden Anwendung. Bezugnahme auf die notwendige Produktspezifikation, die im Anhang aufgeführt wird. Konsequenzen bei Nichteinhaltung der Qualitätsvereinbarung. Aufführung von geforderten AQL-Werten zur Produktabnahme, wenn nicht anders gelistet.

- *Technical and Service Documentation / Technische Dokumentation*

Auflistung aller notwendigen und verfügbaren H/W-, S/W-, Funktions-, Entwicklungs-, Justage-Spezifikationen und Dokumente. Wie und welche Unterlagen muss der Lieferant und in welcher Sprache erstellen:

- Instruction Manual
- Service-Handbuch

- *Packaging and Transport / Versandvorschriften*

Wie und in welcher Art soll das Produkt verpackt werden? Welche Standards sind notwendig und welche Materialien sind anzuwenden? Welche INCOTERMS gelten? Risiken und Verschiffungsverluste müssen rechtlich definiert werden.

- *Product Qualification / Produktfreigabe*

Festlegung von Abnahmekriterien und Qualitäts- und Zuverlässigkeitsaspekten. Außerdem hat der Lieferant eine vom Kunden akzeptierbare Qualitäts- und Test-Prozedur aufzuweisen. Die Test-und Abnahme-Punkte sollten 20 bis 30 Tage vor der ersten Lieferung festgelegt sein. Welche Qualitäts- und Zuverlässigkeitstests müssen nach festgelegter Spezifikation vor der ersten Lieferung abgeschlossen und in einem Testbericht gelistet sein?

Welche Ongoing- und Abnahme-Tests sind bei dauernder Lieferung notwendig? Festlegung von Möglichkeiten einer laufenden Überprüfung der Fertigungsstätte im Geschäftszeitbereich? Festlegung, wann ein Los angenommen und wann abgelehnt ist. Wenn ein Los abgelehnt wird, da Fehler aufgetreten sind, was hat der Lieferant zu tun und welche Kosten hat er zu tragen? Die Garantieleistungen bei Ausfällen sind sehr exakt zu definieren und abzustimmen.

- *Spare Parts Deliveries / Lieferung von Ersatzteilen*

Der Lieferant hat alle kritischen Teile, die als Ersatzteile eingestuft werden, zu listen und zweimal jährlich auf den neuesten Stand zu bringen. Diese Teile sind außerdem vor der ersten Lieferung bereitzustellen. Lieferzeiten und Preise der Ersatzteile sind festzulegen. Nach deutschem Gesetz ist dies für sieben Jahre zu gewährleisten.

- *Specification Changes / Spezifikationsänderungen*

Die Spezifikation kann ergänzt oder geändert werden, muss aber von beiden Seiten akzeptiert werden. Bevor aber diese Änderung aktiv wird, muss nach der vorhergehenden Revision geliefert werden; wobei nach der Änderung die neue Lieferung dieser Revision entsprechen muss oder eine Austauschbarkeit gewährleistet wird. Vorgeschlagene Änderungen müssen vom Lieferanten innerhalb von x Tagen schriftlich kommentiert werden. Werden Unterlieferanten geändert, muss dies vor der Auslieferung vom Kunden akzeptiert werden. Treten bei der Ausgangsinspektion Abweichungen zur Spezifikation auf, so muss dies unverzüglich vom Lieferanten untersucht und mit einem Aktionsplan dem Kunden mitgeteilt werden. Der Zeitbereich muss zur Behebung des Fehlers muss festgelegt werden.

Der Lieferant hat in der festgelegten Vertragslieferungszeit alle Änderungen per ECN(Engineering Change Notice) dem Kunden mitzuteilen.

- *Warranty / Garantie*

Der Lieferant garantiert, dass alle gelieferten Produkte der Spezifikation entsprechen. Die Garantiezeit wird auf x Monate nach der erfolgten Incoming Inspection festgelegt. Treten bei Produkten in diesem Zeitbereich Beanstandungen auf, müssen diese in der festgelegten Garantiezeit dem Lieferanten zur Reparatur oder zum Austausch zur Verfügung gestellt werden, wobei die Kosten der Supplier trägt. Als Alternative kann die Reparatur beim Kunden auf Kosten des Lieferanten erfolgen.

Der Lieferant garantiert die in der Spezifikation festgelegte Zuverlässigkeit und Produktsicherheit des gelieferten Gerätes. Der Lieferant garantiert die Reparatur an Produkten außerhalb der Garantiezeit oder legt bei laufenden Lieferungen, basierend auf den festgelegten MTBF/MCBF-Werten, den vereinbarten Sendungen Sondermengen bei.

- *Order Procedures / Bestellprozedur*

Der Kunde übergibt dem Lieferanten eine Purchase Order mit festgelegten Lieferterminen (Liefertermin definieren: Eingang der Ware beim Besteller oder abgehend beim Lieferanten). Sind Purchase Orders ohne Liefertermin, sind diese nur als Option einzustufen. Werden Lieferungen nicht im festgelegten Zeitrahmen ausgeliefert, hat der Kunde das Recht, die Lieferung zu stornieren, oder kann Produkte woanders ordern, unabhängig vom Preis auf Kosten des Lieferanten. Wird zu spät geliefert, kann der Kunde auf Kosten des Lieferanten den Liefermodus von Schiff- auf Luftfracht ändern.

- *Non Disclosure Agreement (Confidentiality) / Vertraulichkeitserklärung*

Wenn der Kunde auf besonders sensiblen Gebieten eine Diskussion mit dem Lieferanten haben will, ist es manchmal notwendig, eine Vertraulichkeitsvereinbarung festzulegen, die unter folgende Terms und Conditions fällt. Vertrauliche Informationen sind Forschungsergebnisse, Entwicklungen, Fertigungsschritte und Geschäftsplanungen, die vom Kunden oder vom Lieferanten verfügbar sind. Diese dürfen nicht kopiert und veröffentlicht werden.

Wird eine Information mündlich oder schriftlich an den Lieferanten weitergegeben, muss dies mit einer Bezeichnung „Eigentum der Firma xyz“ erfolgen. Der Lieferant darf dann diese Information nicht an Dritte weitergeben.

Es sollte auch ein Zeitbereich (drei bis fünf Jahre) für die Vertraulichkeitsvereinbarung fixiert werden.

Allerdings ist davon auszugehen, dass sich nicht alle Länder und Firmen an solch eine Vereinbarung halten und eine gerichtliche Umsetzung von Ansprüchen (bei Nichteinhaltung) meistens nicht zum Erfolg führt. Also sollte im Vorfeld sorgfältig geprüft werden, welche Informationen das Haus verlassen.

- *Product Identification / Produktbeschreibung*

Alle bezogenen Produkte haben das geforderte Logo bzw. die geforderte Kennzeichnung zu tragen und dies hat ohne Preisaufschlag zu erfolgen. Die Versand- und Rechnungsdokumente sowie der Warencontainer haben folgende Angaben aufzuweisen:

- Purchase-Order-Nummer/Artikel- und Seriennummer des Produkts
- alle anderen vorgeschriebenen Informationen

Der Lieferant hat, bevor die erste Lieferung erfolgt, alle sicherheitstechnisch relevanten Anforderungen einzuhalten.

- *New Technologies / Einführung neuer Technologien*

Entwickelt der Lieferant ein neues oder ähnlich funktionelles Produkt (Nachfolgeprodukt) und ist das gelieferte Produkt dadurch technologisch veraltet oder nicht mehr verfügbar, so ist der Kunde sofort mit folgenden Informationen zu versorgen:

- technische Spezifikation
- Verfügbarkeit
- Preisgefüge

Der Kunde kann dann entscheiden, ob er dieses Produkt (das alte und ursprünglich bestellte) unter diesen Vertrag bezieht (Last Call) oder auf das neue Nachfolgeprodukt umsteigt.

- *Miscellaneous / Verschiedene Punkte*

Keine Partei kann für höhere Gewalt haftbar gemacht werden, dies sollte aber genau definiert werden.

- *Regular Repairing / Laufende Reparaturen*

Der Ort der Reparatur sollte genau definiert werden:

- lokal Kundenseite
- beim Lieferanten

oder der Kunde sammelt die Produkte im Service-Lager und sendet dann dieses Los zur Reparatur zum Lieferanten. Dieser kann dann die Reparatur durchführen oder er ersetzt diese Produkte. Die Reparaturzeitspanne sollte max. x Wochen nicht überschreiten.

- *Rights of Third Parties / Rechtslage für Third Parties*

Der Lieferant stimmt zu und verpflichtet sich, dass er den Kunden hinsichtlich:

- Patente
- Copyrights
- Handelsabkommen

bezogen auf die Entwicklung und Fertigung des Produktes gegenüber Third Parties bei anfallenden Royalties oder Patent-/Copyright-Verletzungen schadlos hält.

- *Final / Schlussbemerkungen*

Dieses Dokument ist der Basisvertrag und beinhaltet alle Statements und ersetzt somit alle anderen mündlichen oder schriftlichen Vereinbarungen, die zuvor getroffen wurden.

- *Governing Law / Gesetzliche Regularien*

Die anwendbaren Gesetze von Deutschland sind als Basis heranzuziehen, wobei auch der Gerichtsstand Deutschland (der lokalen Stadt) anzusetzen ist. Dies hängt natürlich auch vom Verhandlungsergebnis mit dem Lieferanten ab. Es sollte auf jeden Fall eine Gesetzgebung angewendet werden, die angenähert der deutschen (europäischen) entspricht.

Im internationalen Umfeld wird in der Regel auch folgender Praxisbezug hergestellt:

- Bezug auf Internationales Kaufrecht (CISG)
- Schiedsgerichtsklausel statt Gerichtsstand

Diese Punkte sind im Vorfeld mit der Rechtsabteilung abzuklären.

Das Produkt muss allen anwendbaren gesetzlichen Vorschriften entsprechen, die im Anhang angeführt sind.

Die Vertragsdauerauslegung sollte nach Unterzeichnung auf x Jahre festgelegt werden. Die Kündigung hat x Monate vor Ablauf der ersten Periode in schriftlicher Form zu erfolgen. Wenn keine Kündigung eingereicht wird, verlängert sich der Vertrag automatisch um x Jahre.

Ort, Datum und unterschriftsberechtigte Mitarbeiter beider Parteien.

Exhibits / Anlagen

- *Specification / Spezifikation*
  siehe unter Produktspezifikation

- *Packaging Standard / Verpackungsvorschrift*

Listung aller notwendigen versicherungstechnischen Verpackungsvorschriften die für den Versand wichtig sind. Luft/See/Bahn/Lastzug, Container und z.B. Stapelfähigkeit, Recyclingfähigkeit, sowie Umweltfreundlichkeit etc.

- *Safety and Regulartory Requirements / Sicherheitstechnische und gesetzliche Anforderungen*

Listung aller notwendigen länderbezogenen Regularien, die auch in der Produktspezifikation detailliert gelistet sind.

- *Quality Agreements / Qualitätsvereinbarungen*

Die Vertragsgestaltung sollte so ausgearbeitet werden, dass der Besteller auf der sicheren Seite ist.

- Dokumentation/Spezifikation

Exakte Protokollierung aller Parameter und Qualitätssicherungsmaßnahmen, um eine PC-unterstützte Auswertung und Fehlererkennung zu ermöglichen.

- Qualitätskriterien

Festlegung aller Prüf-, Mess- und Abnahmemethoden der Produkte wie SPC, Source Inspection und Audits zum Überwachen des Produktionsprozesses und des TQM-Systems.

- Informationsrichtlinien

Festlegung von Änderungsprozeduren basierend auf ECN (Engineering Change Notice) sowie Informationsfluss bei auftretenden Produktionsfehlern.

- Qualitätsbeauftragter

Beim Kunden und auch beim Lieferanten sollten Qualitätsmanager mit Befugnissen ausgestattet werden, um schnelle qualitätsbezogene Entscheidungen herbeiführen zu können.

- *Manufacturing Licence / Fertigungslizenz*

Möglichkeit der Herstellung dieses Produktes an anderen Fertigungsstätten.

Für einen reibungslosen Geschäftsverlauf sind Qualitätsverträge ein wichtiger Schritt, um spätere Garantieansprüche zu vermeiden. Durch diese Maßnahme ergeben sich auch neue Chancen im Wettbewerb mit anderen Unternehmen. Trotzdem muss man ausdrücklich daraufhinweisen, dass die Qualität nicht übertrieben werden darf, d. h. eine Überspezifizierung in der Qualität und Zuverlässigkeit von Produkten und Systemen kann erhebliche Folgekosten und Haftungsprobleme nach sich ziehen.

Die Just-in-Time-Philosophie und die zu geringe Fertigungstiefe bringen natürlich den Zwang, Qualitätsverträge für Groß- und auch Mittelbetriebe zur Sicherung der Qualität und Zuverlässigkeit abzuschließen. Durch die Kette Unterlieferant, Lieferant zum Unternehmen eines Gesamtproduktes muss das Vertrauensverhältnis gewährleistet sein, damit das Produkt mit gesicherter Qualität und auch mit der ländergeforderten Produktsicherheit in Umlauf gebracht werden kann.

Das Prüfverfahren, entweder Wareneigangskontrolle, Source Inspection oder SPC-Technik, muss eindeutig im Vertrag festgelegt sein und vom Lieferanten verstanden und akzeptiert werden. Wenn diese Paragraphen nicht eindeutig fixiert sind und Lücken aufweisen, kann dies später bei auftretenden Problemen nicht mehr rechtsverbindlich gehandhabt werden.

Ein wichtiger Punkt in der gesamten Kette ist die Testphilosophie und genaue Testmethode zur Abnahme des Produktes. Dies setzt voraus, dass sich die Techniker des Lieferanten und des Gesamtproduktherstellers treffen und gemeinsam diese Thematik behandeln und eine Vereinbarung generieren, die dann als gesonderter Punkt im Vertrag fixiert werden kann.

Weitergehende Musterverträge aus der Praxis können unter folgender Adresse bezogen werden:

http://www.gps-logistics.com/shop/

Ferner bieten auch die Industrie- und Handelskammern sowie einige Industriefachverbände entsprechende Standardverträge an.

5.4 *Methoden und Prozesse zur Produktqualifizierung und -freigabe*

In den vorangegangenen Kapiteln sind folgende Punkte schon näher beschrieben worden:

- verfügbare und beiderseitig abgezeichnete Spezifikation
- Testplanerstellung und Abstimmung mit Lieferanten
- DFX/DFM/DFL-Analyse

Im Nachfolgenden wird daher ausführlicher auf den Aspekt der Produktqualifizierung und Produktfreigabe eingegangen. Der Themenbereich wird dazu in folgende Unterpunkte aufgeteilt:

- Zertifizierung nach geforderten Vorschriften
  CE, EMV, UL, CSA etc.
- Fehleranalysen und Korrekturen
  - CLCA-Technik
  - Fehler-Library
- Testprozedur
  - Testplan
  - A/B/C-Modelle
  - Testbericht
- Zuverlässigkeitsberechnungen
  - MTBF, MCBF, MTTR, ORT etc.
  - Bauelementeebene
  - Systemebene
- Life-Test-Prozeduren und Analyse
- Berechnung von Ersatzteilen
- Freigabe-Statement

Wie kann man die Zuverlässigkeit von Produkten und Baugruppen sowie Bauelementen erhöhen?

- Die Unternehmensstrategie sollte auf kostengünstige und zuverlässige Produkte ausgelegt werden. Die Wertanalyse sollte Hand in Hand mit den notwendigen Qualitäts- und Zuverlässigkeitsanforderungen gehen, um Kosten im Fertigungs-Garantie-Bereich zu reduzieren.

- Gründen Sie ein Zuverlässigkeitsteam mit kompetenten Mitarbeitern aus den verschiedenen Bereichen.

- Trainieren Sie die Mitarbeiter und das gesamte Management, damit diese Philosophie in alle Köpfe übergeht und in allen Aspekten positiv bewertet wird.

- Trainieren Sie die Entwickler hinsichtlich der Anwendung neuer Technologien, die bereits technisch ausgereift und am Markt verfügbar sind.

- Initiieren Sie Brainstorming-Sitzungen, um neue Ideen und kreative Vorschläge aufzunehmen und umzusetzen.

- Halten Sie die Entwickler an für das zu entwickelnde Produkt bzw. Nachfolgeprodukt weniger Bauteile einzusetzen. Weniger Bauteile reduzieren die Kosten und die Ausfallrate der Produkte.

  Lassen Sie die Produkte vom Entwickler in der Entwicklungsphase hinsichtlich

  - MTBF
  - MCBF
  - MTTR

  kalkulieren und mit Vertrauensgrenzen versehen.

- Initiieren Sie das **RASUI**-System, das alle Grundelemente für den Kunden berücksichtigt:

- **R**eliability	Zuverlässigkeit eines Produktes
- **A**vailability	Verfügbarkeit eines Produktes
- **S**erviceability	Wartbarkeit eines Produktes
- **U**seability	Einsatzfähigkeit eines Produktes
- **I**nstallability	Installierbarkeit eines Produktes

- Prüfen Sie verfügbare Wettbewerbsprodukte und geben Sie den Entwicklern ihre Vorgaben, damit das neue Produkt in Kosten und RASUI neue Maßstäbe setzt.

Wählen Sie die neuesten Testmethoden in der Entwicklung/Fertigung ein wie zum Beispiel:

- Funktionstest
- Lebensdauertests
- Duane-Plot-Tests
- Vibrations/Schock-Tests
- Stress-Tests
- Run-in-Tests
- Ongoing-Reliability-Tests
- SPC(Statisical Process Control)
- Audits

- Konzipieren Sie Fertigungsanlagen mit Prüfpunkten, um die SPC realisieren zu können.

- Installieren Sie die notwendigen EDV Systeme mit Netzwerken, um die CLCA-Philosophie umzusetzen.

- Involvieren Sie Ihre Partner/Lieferanten über Ihre Qualitäts- und Zuverlässigkeitsaspekte und regeln Sie diese Punkte in Ihren Produktspezifikationen inklusive Abnahme der Produkte über SPC und Audits. Wenn notwendig, trainieren und entwickeln Sie Ihren Partner in diesem Bereich, um die gesteckten Ziele zu erreichen.

Man sollte in der ersten Phase von Verhandlungen die vom Lieferanten vorgelegten Daten kritisch analysieren und bewerten. Durch Führungen im Betrieb können bereits durch Mitarbeiter-Hinterfragungen in den Bereichen Entwicklung, Fertigung und QA-Daten entweder erhärtet oder verwässert werden. Auf jeden Fall muss vor Abnahme der ersten Produkte eine detaillierte Prüfung nach der vorgelegten Spezifikation inklusive aller Qualitäts- und Zuverlässigkeitstests vorgenommen werden. Eine eigene durchgeführte Berechnung der RASUI-Werte ist sinnvoll, wenn das notwendige Know-how vorhanden ist. Beim Einkauf von Baugruppen und Produkten ist die RASUI-Thematik unbedingt erforderlich und sollte durch Global Sourcing mit dem Lieferanten auf der Basis von Berechnungen und Testergebnissen der Entwicklung verhandelt werden. Die notwendigen Berechnungsmethoden müssen alle Phasen, startend bei der Entwicklung (A/B/C-Modelle) bis zur Fertigung (Pilot- und Massenproduktion), Auslieferung und Anlieferung (DOA – Dead On Arrival) beim Kunden abdecken.

Wie sollte der gesamte Ablauf der Funktions- und Zuverlässigkeits-Prozedur strukturell und organisatorisch in der Entwicklung erfolgen?

Das Ziel des Verfahrens ist es, zu einem möglichst frühen Zeitpunkt in der Entwicklungsphase die optimalen Lösungen zu entwickeln, die den Anforderungen an Zuverlässigkeit und Funktionsfähigkeit, nach Marketing-Vorgaben, gerecht werden. Die Bedeutung der Zuverlässigkeit von Produkten ist in den vergangenen Jahren ständig gestiegen. Bei lebenswichtigen Produkten (medizinische Geräte) sowie wertvollen und komplexen Anlagen für die Wirtschaft ist ein störungsfreier Betrieb sehr wichtig. Ausfälle führen zu höheren Betriebskosten, die abhängig von der Komplexität der Anlagen sind. Um dies zu vermeiden, ist es erforderlich, möglichst genaue Kenntnisse über die Ausfallmechanismen und den Einsatz aller technischen Maßnahmen zu haben, die die Zuverlässigkeit erhöhen. Dies kann nur realisiert werden, wenn ausgereifte Prozeduren in der Zuverlässigkeitsprognose als auch in der Testphilosophie eingesetzt werden.

Die Höhe der Ausfallrate Lambda wird von der Konzeption eines Produktes, vom Design und vom Fertigungsprozess bestimmt, wobei die Einflussgrößen wie Material, Mensch und Montagemaschinen sowie angewendete Testsysteme einen großen Einfluss auf die Qualität und Zuverlässigkeit haben. Auch Einflüsse von außen wie Temperaturwechsel, Schock, Vibration und andere Einflüsse beeinträchtigen die Ausfallrate eines Produktes. Ausgehend von einem einzelnen Bauelement bestimmt dieses die Gesamtausfallrate erheblich, wenn es extremen Einflüssen ausgesetzt ist. Diese Thematik wird in den nachfolgenden Beschreibungen ausführlich behandelt. Die Definition der Modelle zum Test müssen im Testplan und auch im Budgetplan detailliert aufgeführt werden. Die Anzahl der Modelle hängt natürlich von der Art des Produktes und von der definierten Lebensdauer und Zuverlässigkeit ab.

Zusammenfassend kann gesagt werden, dass frühzeitig die Ziele eindeutig definiert werden müssen. Aus Erfahrung kann man dann eine Verfeinerung herbeiführen. Die erkannten Ziele lassen sich an der Kostenreduzierung für die Produktgarantie oder in der Erhöhung der Lebensdauer darstellen. Man sollte nicht nur die MTBF von zum Beispiel 60.000 Stunden angeben, sondern auch Kriterien fixieren wie Temperatur, Umgebungseinflüsse oder auch andere relevante Parameter, die einzuhalten sind.

Bei der Entwicklung sollten auf jeden Fall die neuesten Zuverlässigkeitstechniken eingesetzt werden, um die spezifizierten Ziele zu erreichen. Unterwerfen Sie jedes Produkt einer Analyse, theoretisch als auch praktisch, der RASUI-Technik, um Ausfällen und schlechten Ergebnissen frühzeitig vorzubeugen.

Man kann hier ***11 Schritte*** aufführen, um eine größere Zuverlässigkeit zu erreichen:

1) Ein Manager sollte vom Unternehmen beauftragt werden.

2) Zuverlässigkeits- und Qualitätsdaten sollten zur Beurteilung zur Verfügung stehen.

3) Ein Arbeitskreis für Qualität und Zuverlässigkeit sollte initiiert werden.

4) Verteilung aller Daten, so dass jeder Mitarbeiter informiert ist.

5) Setzen Sie Ziele und messen Sie die Ergebnisse der Qualität und der Zuverlässigkeit der Produkte.

6) Entwickeln Sie Produkte, um die definierte Qualität und Zuverlässigkeit und die gewährte Garantie einzuhalten.

7) Prüfen Sie die Qualität und Zuverlässigkeit Ihrer eigenen und gekauften Produkte.

8) Fertigen Sie oder kaufen Sie Produkte mit hohem Qualitäts- und Zuverlässigkeitslevel sowie geprüft nach den notwendigen länderbezogenen Regularien bzw. Normen.

9) Der Unternehmensleiter sollte immer auf das vorhandene Qualitäts- und Zuverlässigkeitsprogramm hinweisen.

10) Es sollten immer vorhandene Einrichtungen und wenn notwendig neue Einrichtungen, die im Budget zu berücksichtigen sind, verwendet werden, um die Qualität und Zuverlässigkeit zu gewährleisten.

11) Sorgen Sie dafür, dass Ihre Mitarbeiter in Qualitäts- und Zuverlässigkeitsfragen intensiv geschult werden.

A-Modelle (Funktionsmuster)
Anzahl 1-3

Die ersten Muster werden verwendet für:

- Basis-Tests für spezifizierte Funktionen
- erste Produkt-Zertifizierungs-Tests
- erste Kostenanalysen
- OEM-Vertrag - erste Ausarbeitung

B - Modelle (Entwicklungsmuster)
Anzahl 20-30

- Soft-Tool-Gehäuse
- HW/SW im Final-Status
- Modelle fertiggestellt für spezifizierte Tests
  Funktion, Qualität, Zuverlässigkeit
- Fertigstellung der Zertifikationstests und Testreport
  für die Prüfstelle (TÜV etc.)
- endgültige Kostenanalyse und Berechnung der TOCO
- OEM-Vertragsverhandlung und Vorbereitung zur
  Abzeichnung beider Partner
- Muster(Demonstrator)-Freigabe für ausgewählte
  Kunden

C - Model (Mass Production Muster)
Anzahl 50-100

- Hard-Tool-Gehäuse
- HW/SW Freigabe für die Massenproduktion
- alle Zertifizierungen verfügbar von der Prüfstelle
- OEM-Vertrag ausgehandelt und von beiden Partnern abgezeichnet
- erste Serienlieferung zu Kunden

Mit dem A-Modell können die vorläufigen und mit dem B-Modell die endgültigen Werte MTBF, MCBF, MTTR, C/Y/M auf Bauelemente-, Baugruppen- und Produkt-Level berechnet bzw. ermittelt werden.

Was bedeuten die Begriffe?

MTBF heißt **M**ean **T**ime **B**etween **F**ailure oder mittlere Zeit zwischen zwei Ausfällen oder kurz Ausfallabstand. Dieser Kennwert wird mathematisch definiert, und zwar als der Flächeninhalt unter der Zuverlässigkeitsfunktion. Die Angabe erfolgt in Stunden.

$$MTBF = \int_0^{\infty} R(t) \times dt \quad (h)$$

$$R = e^{-t/MTBF} \quad \text{oder} \quad R = e^{-Lambda \times t} \quad (\%)$$

$$MTBF = 1/Lambda \quad (h)$$

$$Lambda = Z/N \times t \quad (h^{-1})$$

R ....Zuverlässigkeitsindex in %
(Wahrscheinlichkeit vom Erfolg und Überleben im Test oder in Benützung)
t .... Beobachtungszeitraum in h
e .... Basis für natürlichen Logarithmus
Z .... Fehleranzahl
N .... Anzahl der betrachteten Produkte

Produktfehler oder Produktausfälle

Man unterscheidet Gesamtausfälle, Teilausfälle und Folgeausfälle.

- Ausfälle können rein zufällig auftreten, man spricht hier von:

Zufallsausfällen

- Treten Ausfälle nach einem bestimmten Mechanismus auf, so spricht man hier von:

Verschleißausfällen

- Treten Ausfälle unvorhersehbar auf, so spricht man hier von:

Sprungausfällen

Die graphische Darstellung der Abhängigkeit von Lambda für die Lebensdauer wird allgemein als Badewannenkurve tituliert.

Man unterscheidet drei Phasen in dieser Darstellung, und zwar

1) Frühausfälle (Infant Mortality)
2) Zufallsausfälle (Useful Life)
3) Verschleißausfälle (Wear Out)

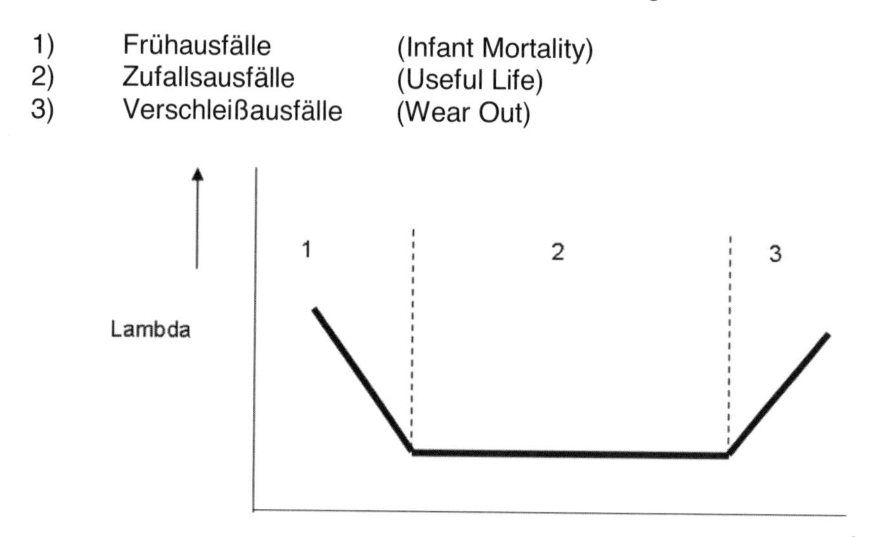

MCBF (**M**ean **C**ount **B**etween **F**ailure)

Die Festlegung einer MCBF ist oft zusätzlich zur MTBF erforderlich. Dies gilt vor allem für Teile und Baugruppen, deren effektive Lebensdauer weniger durch die Einschaltdauer als vielmehr von der Zahl der Betätigungsvorgänge bestimmt ist. Umgekehrt lässt sich aus der MCBF über die mittlere Workload die Stundenzahl der MTBF ermitteln.

MTBSC (**M**ean **T**ime **B**etween **S**ervice **C**all)

Die mittlere Zeit zwischen zwei Service-Abrufen errechnet sich aus der MTBF multipliziert mit der Konstante 0,75. Dieser Faktor ist der resultierende Durchschnittswert für elektronische/mechanische Produkte, der aus einer langjährigen Felderfahrung stammt. Die MTBSC wird nur auf Baugruppen- und Produkt-Ebene bestimmt.

MTTR (**M**ean **T**ime **T**o **R**epair)

Die Zuverlässigkeit eines Produktes oder eines Systems wird erhöht, wenn man es repariert. Dabei interessiert das Verhältnis Betriebszeit zur Außerbetriebszeit. Ist das Gerät außer Betrieb, dann kann es ausgefallen oder ausgeschaltet sein. Nach der Herleitung aufgrund der Poisson-Verteilung ergibt sich folgende Verfügbarkeitsfunktion A (t):

Was sagt uns die Poisson-Verteilung?

Diese Verteilung wird eingesetzt beim Zählen relativ seltener zufälliger und voneinander unabhängiger Ergebnisse oder Zustände.

u = 1/M

A = MTBF / MTBF + M = 1 / 1 + M/MTBF

A	Verfügbarkeit	in %
u	Reparaturrate	in 1/h
M	mittlere Ausfalldauer	in h

Die Gleichung für A besagt, dass man bei konstantem Verhältnis M/MTBF, z.B. 50 h/5000 h oder 5 h/500 h, immer die gleiche Verfügbarkeit erhält. Danach kann man auch sagen, dass ein unzuverlässiges Bauteil oder eine Baugruppe trotzdem eine hohe Verfügbarkeit erhalten kann, wenn die Auswechseldauer klein gehalten wird.

SC/Y (**S**ervice **C**alls per **Y**ear)

Die Basis für SC/Y ist die Anzahl der Betriebsstunden eines Produktes pro Jahr und wird in der Spezifikation festgelegt. Dieser Wert hängt natürlich vom Produkt und deren Anwendung ab.

Berechnungsmethoden und Beispiele[10]

Anforderungen für Workload und Zuverlässigkeit (MTBF/MTBSC/MTTR)

Zuverlässigkeit elektrischer Bauelemente - DIN 40041
Zuverlässigkeit elektrischer Geräte, Anlagen und Systeme – DIN 40042

---

[10] Calabro, S. R. Reliablity Principles and Practices, McGraw-Hill Book Company 1962

Bauelemente

Jedes im Produkt verwendete Bauteil oder Baugruppe muss für die spätere Berechnung der Produkt-Ausfallrate, basierend auf deren Anwendung, mit einer Ausfallrate Lambda versehen werden. Die detaillierte Berechnung erfolgt nach MIL–Standard 217 (Reliability Prediction of Electronic Equipment) in der jeweils letztgültigen Fassung. Anstelle der Berechnung nach MIL können auch bereits im Betrieb vorhandene Werte eingesetzt werden. Beim Einkauf von kritischen Teilen sollte vom Lieferanten die Fehlerrate angefordert werden, damit der Entwickler, basierend auf seinem Design, die notwendige Stressbeanspruchung nach MIL-Standard berechnen kann. Am Markt kann man auch Reliability-CDs mit Lambda Werten und Berechnungsmethoden kaufen.

Eine allgemeine Fehlerratenliste sollte wie folgt aufgebaut sein:

Bauteileart	Obere Grenze	Mittlere Fehlerrate FR/10^{-6} (h^{-1})	Untere Grenze
Transformator	1,9	1,0	0,5
Optischer Sensor	5,0	3,9	2,0
Bauteil n	.....	.....	....

Geräte

Für die Kalkulation der ersten Zuverlässigkeitsvorhersage sollte folgende Arbeitsliste generiert werden:

Bauteil	Mittlere Fehlerrate	Anwendbare Fehlerrate	Anzahl der Bauteile	Totale Fehlerrate für dieses Produkt
Transformator	1,0	0,5	2	1,0
Optischer Sensor	3,9	4,0	5	20,0
Bauteil n	....	....	......	....
Total				....

Basierend auf der Geräte-Fehlerratenliste und den Marktuntersuchungsergebnissen ergibt sich die Belastungsmatrix für das zu entwickelnde Produkt:

- Wer bedient das Produkt?
- Wie viele Stunden wird das Produkt pro Tag/Woche/Jahr betrieben?
- Mittelwertbelastung für das Produkt pro Tag/Woche/Jahr

Diese Werte müssen für jedes Produkt detailliert durch Marktanalysen erarbeitet und dann in die Produktspezifikation übergeführt werden. Dies ist dann die Basis für die Baugruppen- und Gesamtprodukt-MTBF-Werte und außerdem die Grundlage der durchzuführenden Lebensdauertests.

Hier ein Fallbeispiel einer MTBF-Berechnung für einen Personal Computer.

Basis Parameter sind:

MTBF 0	Mean Time between Failure bei Temp. T0		(Stunden)
MTBF	Mean Time between Failure bei Temp. TU		(Stunden)
MTBSC	Mean Time between Service Call	(0,75 * MTBF)	(Stunden)
MTTR	Mean Time to Repair		(Stunden)

MTBF = 1 / Lambda (Lambda-Fehlerrate) (Stunden)

Baugruppe		MTBF 0	T0	TU	MTBF	MTBSC	MTTR
Stromversorgung		150000	25	40	67414	50560	1,20
Kabelbäume/Flachbandkabel				40	142857	107142	0,50
Prozessor Karte				40	86206	64654	2,00
CDROM				40	50000	37500	0,50
FDD				40	50000	37500	1,50
HDD				40	300000	225000	2,50
Tastatur			25		80000	60000	0,90
Prozessor/Speicher/Cache				40	78125	58593	1,40
Gesamtsystem					**9803**	**7352**	**2,5**

Bei einer Workload (Belastung) von 2500 Stunden/Jahr ergibt sich eine Fehlerrate/Jahr (SC/Y) von 0,34.

Der Zuverlässigkeitsindex in % wird wie folgt berechnet:

MTBF = 9803 (h)

Die angenommene Zeit beim Kunden ist 100/5000 (h).

$R = e^{-100/9803} = e^{-0,01} = 99\ \%$ ohne Reparatur

Der Benützer dieses Gerätes hat 99 von 100 Chancen, in diesem Zeitbereich (100 h) keinen Servicetechniker anrufen zu müssen.

$R = e^{-5000/9803} = e^{-0,51} = 60\ \%$ ohne Reparatur

Bei 5000 Stunden liegt die Wahrscheinlichkeit bei 60 %. Die Zuverlässigkeit eines Produktes kann erhöht werden, wenn man es repariert. Dabei interessiert das Verhältnis Betriebszeit zu Außerbetriebszeit.

MTTR = 2,5 (h)

A = 1/1 + 2,5/9803 = 99,9 % mit Reparatur

Wird die MTTR von 2,5 Stunden auf 10 Stunden erhöht, so ergibt dies eine Verfügbarkeit von 99,8 %. Man sollte darauf achten, dass beim Kunden keine Reparatur, sondern nur ein Baugruppenwechsel erfolgen sollte, um die MTTR zu minimieren. Die Kostenanalyse zeigt dann, wie bei der Zuverlässigkeitsstrategie verfahren wird - hoher MTBF-Wert ohne Reparatur versus reduzierter MTBF-Wert mit Reparatureinplanung. Nach heutiger ausgereifter und anwendbarer Technologie sollte ein hoher MTBF-Wert im Verhältnis zur Lebensdauer oder geplanten Garantiezeit realisiert werden können.

Dies kann durch folgende Maßnahmen in der Entwicklung realisiert werden:

- Reduzierung der Bauteileanzahl durch gutes Design
- Reduzierung der Bauteileanzahl durch höhere Integration
- größerer Abstand zum Bauteile-Grenzwert (>20 %)
- Einführung des Worst-Case-Designs
- Einsatz von ausgereiften Baugruppen
- bessere Belüftung des Produktes zur Reduzierung der Innentemperatur
- Reduzierung von Verschleißteilen
- ausgereifte Testprozeduren

Beispiel: Erhöhung der MTBF um Faktor >5

MTBF = 50.000 Stunden

Garantiezeit = 2 Jahre, das sind nach unserer Rechnung 5000 Stunden.

$R = e^{-5000/50.000} = e^{-0,10} = 90,5\,\%$ ohne Reparatur

Die einzelnen MTBF-Werte müssen mit dem Partner/Lieferanten in einer Spezifikation nach den geforderten Temperaturwerten festgelegt werden. Dies kann aber auch auf einer Basis von 25 °C erfolgen, wobei dann die höhere Temperatur über einen Faktor, der vom Lieferant festgelegt wird, berechnet wird. Hierbei muss der MTBF-Wert reduziert werden. Ein weiterer Faktor ist der Luftdruck, der sich mit steigender Höhe verändert und die Zwangsbelüftung von Produkten beeinflusst. Die Produkte haben dann bei zunehmender Betriebshöhe (Basis ist immer 500m) intern einen höheren Temperaturanstieg, wobei sich dann die Wärmeleitfähigkeit verringert und eine schlechtere Konvektion und einen niedrigeren Wirkungsgrad von Lüftern hervorruft. Dadurch wird die Fehlerrate Lambda größer und umgekehrt proportional der MTBF-Wert reduziert.

Es ist daher auf zwei Umweltfaktoren zu achten, die den MTBF-Wert beeinflussen können. Die Berechnung der MTBF-Werte von Baugruppen und Bauteilen von 25 °C Umgebungstemperatur T0 auf die jeweilige Innentemperatur der Produkte z. B. 40 °C. Die Berechnung der MTBF-Werte von der Basishöhe 500 m auf die maximal festgelegte Betriebshöhe von z. B. 1000/1500/2000/2500/3000 m. Der Faktor für diesen Höhenunterschied liegt bei Zwangsbelüftung bei:

K bei		**Höhe (absolute Höhe, K bezieht sich auf 500 m Ursprungshöhe)**
		Achtung: Diese theoretischen Korrekturfaktoren basieren auf dem derzeitigen Erkenntnisstand.
K 500/1000	1,08	1000 m
K500/ 1500	1,15	1500 m
K500/ 2000	1,22	2000 m
K500/ 2500	1,30	2500 m
K500/ 3000	1,38	3000 m

Berechnung der MTBF bei Temperaturänderungen über das Arrhenius-Gesetz gibt uns eine ausgezeichnete Abschätzung über den Temperatur-Beschleunigungs-Effekt für Halbleiter basierende Produkte.

$= \exp (12{,}7\,(1000/T2 - 1000/T1))$

T1 ... Temperatur der bekannten MTBF

T2 ... Temperatur der gesuchten MTBF

Beispiel:

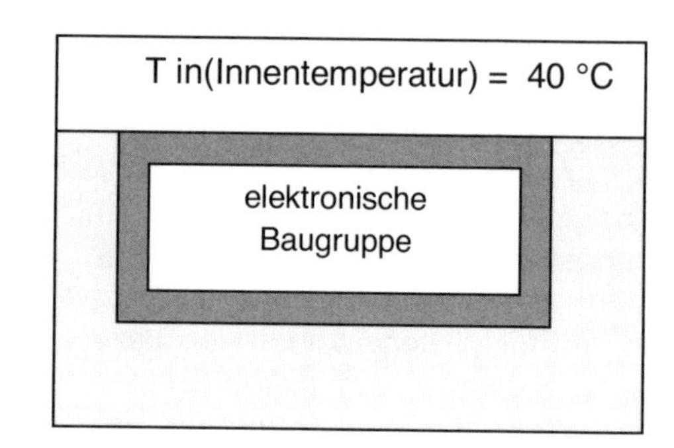

Tu - Umgebungstemperatur 25 °C

Tin - Innentemperatur des Gerätes

Tu - Umgebungstemperatur des Gerätes
Td - Delta Temperatur zwischen Tu und Tin

k - Korrekturfaktor zwischen 500 m Höhe und 2000 m

Td = Tin - Tu = 40 - 25 = 15 °C

40 °C Innentemperatur ist bezogen auf eine Höhe von 500 m.

Die Umrechnung auf 2000 m ergibt:

15 °C x 1,22 = 18,3 °C

Daraus ergibt sich ein maximaler Innentemperaturanstieg von

25 °C + 18,3 °C = 43,3 °C

Sollten Geräte zuverlässig in dieser Betriebshöhe mit einer garantierten und spezifizierten Lebensdauer funktionieren (z. B. in Denver, Colorado auf 2000 m Höhe), so muss dieser Temperaturanstieg in die Berechnung der MTBF-Werte eingehen.

Ersatzteilberechnung

Die Ersatzteile und Ersatzteileanzahl richten sich nach den kalkulierten Service Calls per Year. Als Basisparameter werden die einzelnen MTBF-Werte herangezogen. Bei unserem Beispiel sind alle Baugruppen mit Verschleißbauteilen wie Stromversorgung oder rotierende Speicher zu berücksichtigen. Hier wird die gleiche Kalkulation angesetzt wie bei den Gesamtsystemen.

FDD - MTBSC = 37.500 h, daraus ergibt sich bei einer Garantiezeit von 5.000 h (entspricht 2 Jahre) eine SC = 0,13

Der Zuverlässigkeitsindex $R = e^{-t/MTBF} = e^{-5.000/50.000} =$ 90,5 %

Welche Fehlerartenkategorien können grundsätzlich beobachtet werden?

- Frühausfälle
- Zufallsfehler
- Verschleißausfälle

Ein bedeutender Punkt in der gesamten Fehlerkette sind die Entwicklungsfehler.

Wichtig bei der Auswertung ist, dass die Fehlerdefinitionen sorgfältig gewählt und während des gesamten Zuverlässigkeitstests konsequent beibehalten werden.

Kostenoptimale Zuverlässigkeit

Es muss eine Relation zwischen der Höhe des MTBF-Wertes und den Verkaufskosten hergestellt werden, die durch die folgenden Faktoren beeinflusst werden können:

- Entwicklungskosten
- Fertigungskosten
- Kundendienstkosten
- Investitionskosten

Durch Einsatz von neuesten ausgereiften Technologien in der Entwicklung und auch in der Fertigung können die Kosten begrenzt werden. Als Alternative sollte unbedingt Global Sourcing mit Lieferantenangeboten die Entwicklungs-, Fertigungs- und Investitionskosten analysieren (Make or Buy) und wenn notwendig Schritte zu Out Sourcing von Baugruppen oder des gesamten Produktes einleiten. Nach den heutigen anwendbaren Technologien darf keine Kostenerhöhung durch Qualitäts- und Zuverlässigkeitsoptimierung erfolgen. Bei Nichteinhaltung dieser Regel wird ein Unternehmen durch Rückrufe sowie Wartungs- und Ersatzteilekosten durch den Kundendienst eine erhebliche Gewinnreduzierung hinnehmen müssen.

Natürlich ergeben sich, basierend auf verschiedene Produkttypen und Anwendungsfälle, unterschiedliche MTBF-Werte, die in eine Kennlinie K (Kosten) = f (MTBF-Wert) münden. Die Gesamtkosten für den Kunden sind wie folgt darzustellen:

Kg = Ka + Ki

Kg .... Gesamtkosten für den Kunden
Ka .... Anschaffungskosten
Ki .... Instandhaltungskosten

Ein weiterer wichtiger Punkt ist die Formel:

Entwurfs-MTBF = Betriebs-MTBF x Faktor
(Einsatz neuer ausgereifter Technologien)

Das heißt, durch Verwendung dieser neuen anwendbaren Technologien und cleveres Produktdesign können die Produktkosten erheblich gesenkt werden.

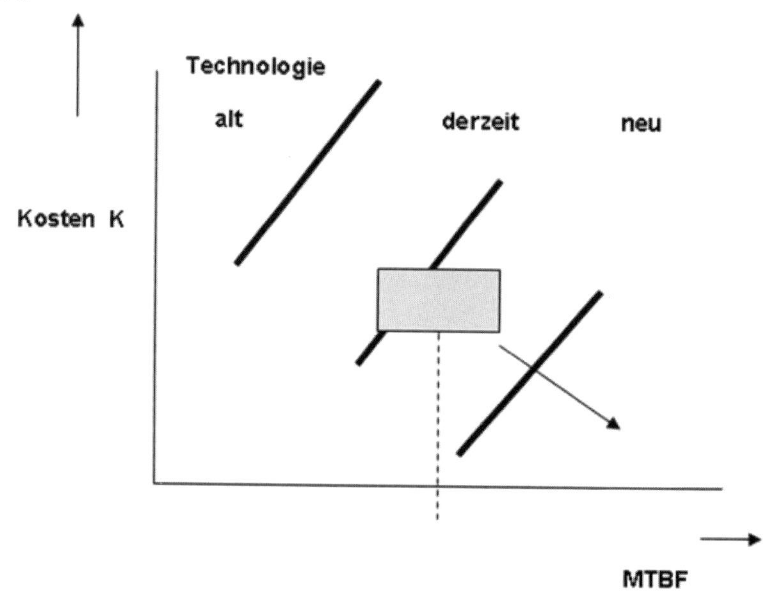

Testprozeduren

- **Tests von der Entwicklungsphase bis zur Produktfreigabe**

Bauteileprüfung

Die Prüfung der Bauteile erfolgt nach der jeweiligen Einkaufsspezifikation.

A-Modell-Test

Das A-Modell ist vom Lieferanten bei Neuentwicklungen teilweise handgefertigt und hat alle Funktionen nach der jeweiligen Produktspezifikation zu erfüllen. Die einzelnen Parameter werden Schritt für Schritt getestet und das Ergebnis in einem Testbericht gelistet. Dies beinhaltet folgende Parameter:

- Funktionstest
- erste Umgebungseinflusstests (Temperaturbereiche)
- erste EMS- und Produktsicherheitstests
- DFX-Tests mit Bewertung
- Anzahl der Einzelbauteile für eine vorläufige MTBF-Kalkulation
- erste RASUI-Untersuchungen und Tests

Der Lieferant erhält eine Kopie zur Stellungnahme, um wenn notwendig die Korrekturmaßnahmen auszuarbeiten, beim Partner vorzustellen und dies nach beiderseitiger Festlegung in die B-Modelle einfließen zu lassen.

B-Modell-Test

Die überarbeiteten B-Modelle (95 % der gefertigten Teile kommen bereits aus dem Softtool-Werkzeug) werden wieder nach der freigegebenen Produktspezifikation getestet. Dabei müssen alle Parameter (HW/SW) die festgelegten Grenzwerte einhalten. Die Ergebnisse werden in einem detaillierten Bericht festgehalten und mit dem Lieferanten besprochen. Mit diesen Modellen werden auch die Zuverlässigkeitstests durchgeführt. Die Anzahl hierfür wird nach dem MTBF-Wert, der Temperaturfestlegung der Testzeit und dem Zuverlässigkeitsindex (z.B. 80 %) festgelegt.

- **Zertifizierung der Produkte hinsichtlich**[11]

  - Produktsicherheit CE
  - EMV (**E**lektro-**M**agnetische **V**erträglichkeit)
  - Härtetests - mechanische, klimatische, akustische und verpackungstechnische Einflüsse

Für diese Prüfungen werden B-Modelle oder C-Modelle, je nach dem Entwicklungs- oder Änderungsstand, herangezogen. Es sollten auf jeden Fall Geräte sein, die dem Produktionsstand der Massenproduktion entsprechen. Nach positivem Abschluss dieser Tests sollte der Änderungsstand eingefroren werden. Jede Änderung nach erfolgreich durchgeführten Tests sollte nur durch eine ECN, mit Testbericht über die Konformität mit den festgelegten Normen, durch das Unternehmen genehmigt werden. Diese Prozedur sollte entweder in der Produktspezifikation oder im Vertag eindeutig ersichtlich aufgeführt werden, da hier auch rechtliche Aspekte zu berücksichtigen sind.

- CE

Seit 01. 01. 1996 dürfen innerhalb der EU nur Geräte in den Verkehr gebracht werden, die den europäischen Gesetzen und Normen entsprechen. Die geprüfte Sicherheit wird mit dem Schutzzeichen CE dargestellt und dient als Kennzeichnung für diese Geräte. Nach positiven Tests in zertifizierten Testhäusern kann das CE-Zeichen am Gerät fixiert werden, ohne dass eine Behörde in Anspruch genommen werden muss. Die Rechtsgrundlage schreibt vor, dass für die Einhaltung dieser Norm die Hersteller, Importeure, Händler und die Betreiber verantwortlich sind.

- EMV

Die elektromagnetische Verträglichkeit gewährleistet einen störungsfreien Betrieb von Geräten, die nebeneinander aufgestellt werden. Durch das Vermessen des aktiven und passiven Störverhaltens der Geräte kann dann beurteilt werden, ob diese die vorgeschriebenen Normen einhalten. In Deutschland wurden die Anforderungen von der EU 1992 übernommen und in ein nationales Recht umgesetzt (89/336/EWG).

---

[11] Kompendium Umweltschutz; Gesetze, Verordnungen, Richtlinien; Maschinenbau-Verlag GmbH Frankfurt 1983

- FCC (Federal Communications Commission) und UL (Underwriters Laboratories Inc.)

Dies sind amerikanische Vorschriften und decken die Funkstörung (FCC) und auch die Produktsicherheit (UL) ab. Die Funkenentstör-Zulassungsprüfung wird nach FCC Part 15 und 18 durchgeführt. Der Unterschied in der Auslegung von VDE und UL ist bei den deutschen Normen die Sicherheit hinsichtlich der Gefährdung des Menschen durch elektrische Schläge, wobei die amerikanischen Normen auf Brennbarkeit der Materialien ausgelegt wurden.

- Andere Vorschriften und Normen

Fast jedes Land hat seine eigenen Regularien, wobei aber zu erwähnen ist, dass sich in der EU fast alle Länder auf harmonisierte Normen geeinigt haben.

- Listung der Normen für Produktsicherheit

Sicherheitsprüfung nach IEC 950 / EN 60950 für Produkte der Informationstechnologie und elektrische Büromaschinen:

- Erstellen der CE-Testreports nach EN 45001

- Konformitätserklärung nach der EU-Richtlinie 72/23/EWG

- weitere Zulassungen die notwendig werden bei Auslieferung von elektrischen Geräten in diese Länder:

NEMKO	Norwegen
SEMKO	Schweden
DEMKO	Dänemark
FIMKO	Finnland
PCBC	Polen
EZU	Tschechien
CSA	Kanada
UL	USA

- Listung der Normen für EMV

Störfestigkeit IEC 801 - 2/3/4/5/6 und Funkentstörung VDE/EN/CISPR - EN 55022, FCC Part 15 und 18.

Zur Prüfung der Geräte stehen in Deutschland und im Ausland Testhäuser zur Verfügung, die alle nötigen Messgeräte und das nötige Know-how zur Zertifizierung haben und auch den nötigen Schriftverkehr mit den Testhäusern abwickeln können.

- **Härtetests nach festgelegter Spezifikation oder nach EN-Normen**

Mechanische Umwelteinflüsse
Vibrationstest am Schwingtisch nach DIN IEC 68 / EN 60068

Klimatische Umwelteinflüsse
Temperaturschock
Temperaturbereich
Luftfeuchtigkeit
Simulation nach EN 60068

Akustische Messungen
Schalldruckpegel und Schallleistungspegel
Messung nach DIN EN 27779

Verpackungsprüfung
Fallprüfung
Stapelfähigkeit
Prüfung nach EN 22248 / EN 22247

Ein weiterer Test wäre, das verpackte Gerät einmal um die Welt zu schicken (Bahn, Flug, Schiff), um diese Einflüsse zu testen. Anschließend sollte das Gerät hinsichtlich Verpackung und Funktionstüchtigkeit detailliert verifiziert werden.

Die Prüfung dieser Tests kann nach intern festgelegten Unternehmensstandards oder nach EN-Normen durchgeführt werden. Die bessere Lösung ist aber immer nach EN-Normen zu prüfen, da bei Reklamationen die Basis der gültigen Normen bzw. Regularien als Rechtsgrundlage herangezogen werden. Für die notwendigen und spezifizierten Tests kann man interne Testgeräte verwenden oder externe Testhäuser heranziehen.

- Inhaltsstoffe in Produkten der Elektroindustrie

Hierfür gibt es gesetzliche Regelungen, die das Inverkehrbringen von bestimmten Stoffen verbietet oder einschränkt. Es wird empfohlen, bei Detailfragen den vollständigen Gesetzestext heranzuziehen. Die offiziellen Gesetzestexte sind bei der Bundesanzeiger Verlagsgesellschaft mbH, Postfach 1320, D-53003 Bonn zu beziehen.

- **Tests in der Fertigungsphase**

- Start Up

VQM (Vendor Quality Management)
First Article Inspection
C-Modell (Pilot-Test)

Die Teile für C-Modelle sind zu 100 % aus dem Werkzeug und beinhalten alle festgelegten Änderungen und sind Modelle aus der ersten laufenden Produktion. Tests erfolgen nach der Produktspezifikation und müssen zu 100 % eingehalten werden. Dieser Test wird auch Acceptance-Test genannt und beinhaltet auch einen ORT-Test.

- Massenproduktion

VQM (Vendor Quality Management)
Burn-in-und Run-in-Test
ORT (Ongoing Reliability Test)
Out of Box Quality

- **Tests beim Kunden**

DOA (Dead on Arrival)

- **Release-Statement für die Massenproduktion**

Das Freigabe(Release)-Statement sollte vor Freigabe der Massenproduktion in allen Punkten erfüllt sein, d.h., wirklich alle in der Checkliste gelisteten Themen und Action Items sollten mit Ja beantwortet sein. Bei Ausnahmen kann, wenn der Punkt als unkritisch eingestuft wurde, mit „awaiting Input bis zum Zeitpunkt xyz“ festgelegt werden. Wenn aber dieser Punkt nicht zum festgelegten Termin/Due Date gelöst oder abgehakt wurde, sollte unbedingt eine Stopp Order ausgestellt werden. Dieser Prozess ist notwendig, um die Kontrolle über das Produkt nicht zu verlieren und dem Lieferanten dauernd zu zeigen, dass Sie die volle Kontrolle über das Produkt und über ihn selber im Auge haben. Dies ist auch ein Teil vom Risk Assessment und der ECN (Engineering Change Notice)- sowie der SPC (Statistical Process Control)-Philosophie des Unternehmens und vermeidet, dass Sie in eine Situation kommen, in der Sie rechtliche Schritte wegen Qualitätsmängeln am Produkt einleiten müssen.

Das unter Checklisten und Tipps aufgeführte Beispiel **Release Statement for Massproduction** kann jederzeit geändert oder angepasst werden und hängt natürlich vom jeweiligen Produkt und der Unternehmensphilosophie ab.

6.0 Zusammenfassung und Ausblick

Die Entwicklung zu mehr Global-Sourcing-Aktivitäten ist nicht abgeschlossen. Befragungen namhafter Firmen aus Deutschland und Europa zeigen, dass sich der Anteil Local zu Global Sourcing in naher Zukunft die Waage halten wird. Heute stehen wir im Durchschnitt bei rund 40 % internationaler Bezüge, dies wird sich zukünftig auf über 50 % ausweiten. Diese Zahlen sind unterlegt durch die zuvor erwähnte Studie der TU Berlin. Ein weiterer Trend wird sein eine Verlagerung von Einkäufen aus den klassischen europäischen (inkl. Osteuropa) Beschaffungsmärkten hin zu internationalen Beschaffungsregionen wie Asien, Mittel- und Südamerika sowie die neuen osteuropäischen Ländern wie Rumänien, Ukraine, Weißrussland und Bulgarien.

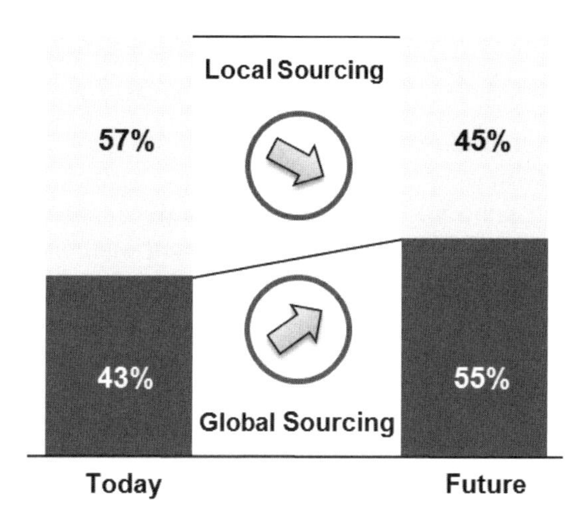

Abbildung 49: Trend Global vs. Local Sourcing

Quelle: Straube, F.; Krokowski, W.; Beckmann, T.; Goh, M.: a.a.O., S. 13

Beim Global Sourcing sollte man sich am Anfang auf wenige Länderregionen beschränken. Es ist nicht sinnvoll, die internationale Beschaffung mit Kunststoffteilen aus Asien, Gussteilen aus Osteuropa und Drehteilen aus Israel zu beginnen, es sei denn, dass hinter jedem dieser Teile ein Einkaufsvolumen in Millionenhöhe steht. Auch hier gilt das Sprichwort "weniger ist häufig mehr". All die unterschiedlichen Lieferanten im Ausland - und nicht nur dort - bedeuten Aufwand und verlangen eine intensive Betreuung.

Bei der Überlegung, mit welchen Produkten man beim Global Sourcing den ersten Schritt wagen sollte, wird man zweckmäßigerweise mit den Produkten beginnen, die einen hohen Verbrauchswert haben und beim möglichen Ausfall geringe Produktionsausfallkosten verursachen bzw. eine Ersatzbeschaffung möglichst schnell erzielbar ist. Stellen sich dann langsam die ersten Erfolge ein, kann behutsam und zielgerichtet der Anteil von internationalen Bezügen erhöht werden. Bei zunehmenden Erfolgen ist über die Einbeziehung des ausländischen Lieferanten in die Entwicklung der eigenen Produkte nachzudenken, auch Single-Source-Bezüge sind dann denkbar.

Eine Global-Sourcing-Entscheidung bedarf einer permanenten Überprüfung. Neben den Marktbedingungen, der Unternehmens-, Produkt- und Investitionsstrategie müssen Auftragslage, Kosten und Preissituation permanent abgeglichen und überprüft werden. Die Struktur einer Global-Sourcing-Entscheidung basiert auf dynamischen Prozessen. Ein zielgerichtetes und erfolgreiches Umsetzen dieser Unternehmensvorgabe setzt zunächst folgende Aktivitäten im Unternehmen voraus:

- klare Vorgaben durch die Geschäftsführung und interne Unterstützung
- organisatorische Voraussetzungen bei der Einkaufsorganisation
- Qualifikation und Weiterbildung der Mitarbeiter
- Einbeziehung aller internen Bereiche beim Entscheidungsprozess
- Kenntnisse über internationales Vertragsrecht und Verhandlungsführung
- Kenntnisse über weltweite Beschaffungsmärkte
- innovatives und proaktives Qualitätsmanagement
- offenes und faires Lieferantenmanagement
- Vollkostenbetrachtung (Total Cost of Ownership) bei Lieferantenauswahl, Lieferantenbewertung und Preisvergleich
- Einbeziehung von externen Dienstleistern
- Anpassung der Logistik
- Abwägung und Absicherung von Währungsrisiken

An dieser Stelle einige Ausführungen zu den Zeiträumen. Wer meint, Global Sourcing kann von heute auf morgen im Unternehmen eingeführt werden, der irrt gewaltig. Erfahrungen von erfolgreichen Unternehmen zeigen, dass allein der Zeitraum der ersten erfolgreichen Lieferantenqualifikation (vom Sourcing über die Bemusterung bis zur kontinuierlichen Serienlieferung) zwischen einem und zwei Jahren dauert. Nur selten und meist nur mit der heißen Nadel gestrickt, gelingt es Unternehmen, diese Zeiträume zu unterschreiten.

Nach wie vor scheuen sich viele Einkäufer, realistische Preisvorgaben zu setzen. Kennt man die Kostenstruktur seines Einkaufsteiles genau, so ist dies kein Problem. Als Zielvorgabe im internationalen Bereich sollte im ersten Ansatz für einen Asienbezug der heutige lokale Einkaufspreis minus 30-35 % (20-25 % für Bezüge aus Osteuropa) genannt werden. Die 30-35 % Bruttoreduzierung machen nach Abzug der zusätzlichen direkten und indirekten Kosten (TOCO-Modell) rund 15-20 % Nettoersparnis aus.

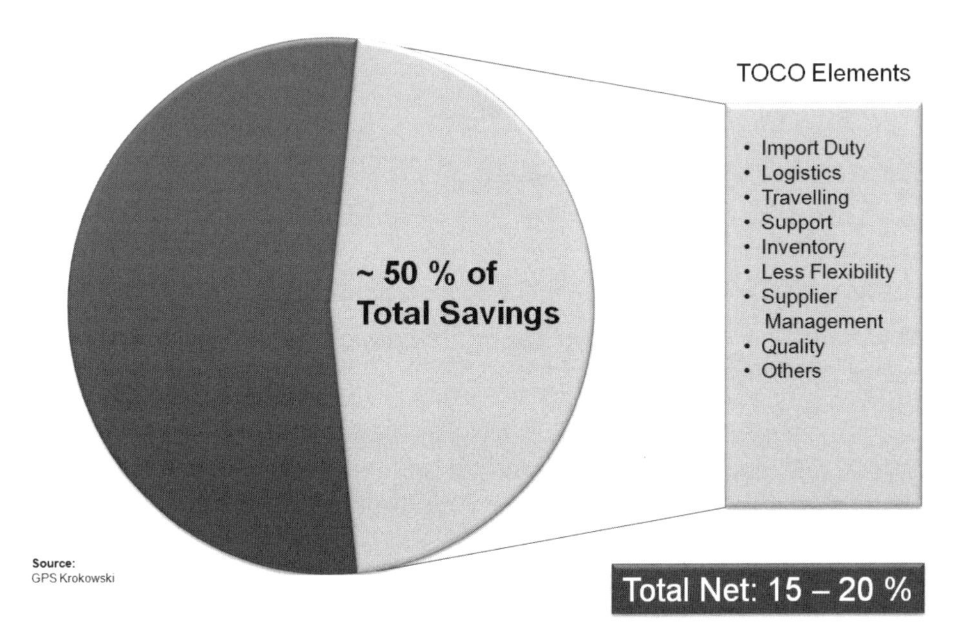

Abbildung 50: Einsparungen Global Sourcing nach TOCO

Die obige Abbildung zeigt deutlich, dass die Aufwendungen für die Logistik und die indirekten Kosten nicht unerheblich zunehmen. Der Preisvorteil des Einkaufsteiles muss schon bedeutend sein, um diese Kosten abzudecken und zusätzlich reale Einsparungspotenziale zu erzielen.

Sind die Einkaufspreise bereits so ausgereizt, dass damit die reinen Herstellkosten unterschritten werden, sollte man keine großen Hoffnungen hegen, die Teile international und dauerhaft billiger einkaufen zu können.

Wann macht Global Sourcing kostenmäßig Sinn unter TOCO-Gesichtspunkten?

Einkauf für die Werke in Europa

a) aus Asien

durchschnittlich minus 25-35 %

Annahmen / Voraussetzungen

- Industriegüter (kundenspezifisch)
- ca. 4-7 % Einfuhrzoll (Import Europa)
- ca. Faktor 2-3 bei den Logistikkosten

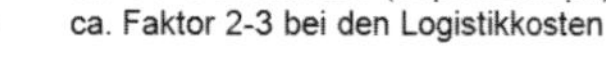

b) aus Osteuropa

durchschnittlich minus 20-25 %

Einkauf für die Werke in China (local source)

plus 10 %

Basis: FOB Asien vs. heutiger EK frei Werk
Quelle: GPS interne Erfahrungswerte

Abbildung 51: Wann macht Global Sourcing Sinn?

Die Bedeutung eines aktiven Qualitätsmanagements im internationalen Beschaffungsmanagement

Das A und O für ein erfolgreiches internationales Beschaffungsmanagement sind das professionelle Lieferantenmanagement und die Sicherstellung der Qualität durch intelligente und proaktive Maßnahmen. Wie diese Maßnahmen aussehen können, ist in den vorausgegangenen Kapiteln sehr ausführlich beschrieben worden. Seien es Pre-Shipment Inspections, Tests in der Fertigungsphase oder ein qualifiziertes Factory Audit. Es ist ein absolutes Muss, dass ein strategischer Einkäufer heute so viel technisches Verständnis mitbringt, damit er entsprechende Aktivitäten und Vereinbarungen mit seinen internationalen Hauptlieferanten anregen und umsetzen kann.

Im Rahmen der Ausbildung asiatischer Mitarbeiter kann zum Beispiel ein VQM(**V**endor **Q**uality **M**anagement)- / QSIP(**Q**uality-**S**hipment-**I**nventory-**P**erformance)- Trainingsprogramm gehören, das den lokalen Mitarbeitern diese Themen näherbringt. Die Mitarbeiter müssen verinnerlichen, dass die Auswahl der richtigen Lieferanten und die Leistungsfähigkeit des Lieferanten eine direkte Auswirkung auf die Wirtschaftlichkeit des Endkunden in Europa haben. Eine falsche Einsparung, zum Beispiel im Bereich Verpackung oder Testen, kann beim Kunden in Deutschland oder Österreich beträchtliche Mehrkosten verursachen. Diese Mehrkosten stehen im absoluten Gegensatz zu den angeblichen Einsparungen beim Lieferanten. Mit dem QSIP-Programm wird das Ziel verfolgt, genau diese Entwicklung zu stoppen und die geeigneten Maßnahmen mit dem Lieferanten zu vereinbaren. Maßnahmen, die im Rahmen der TOCO-Betrachtung für alle Parteien Sinn machen und Gesamtkosten reduzieren sowie Qualität und Prozesssicherheit auf Dauer gewährleisten.

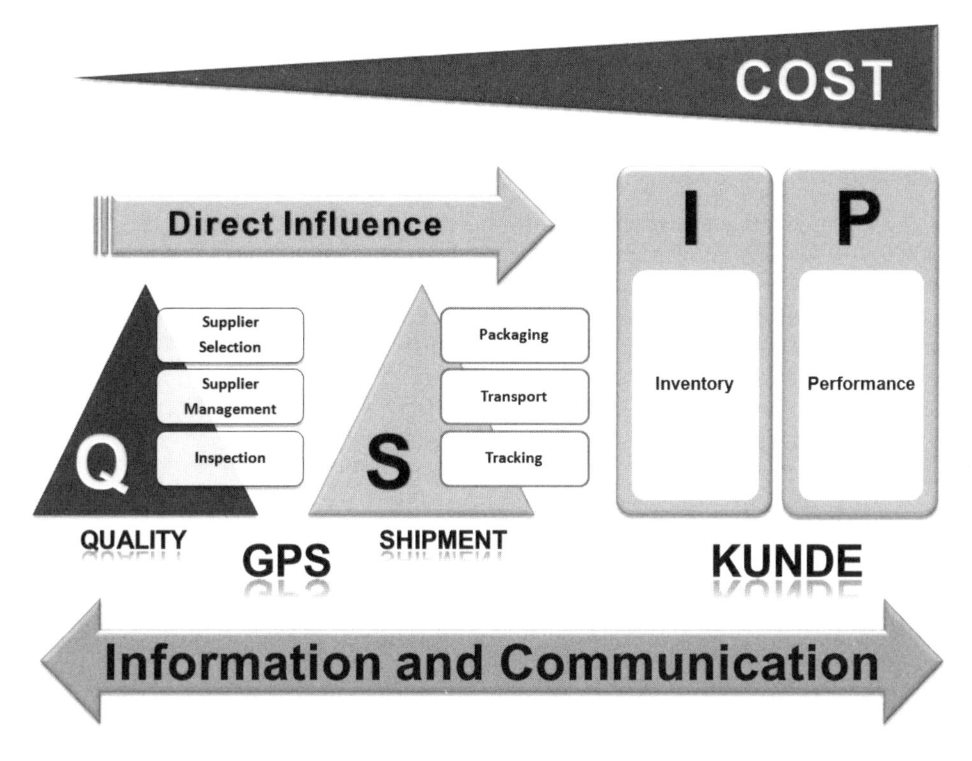

Abbildung 52: VQM/QSIP Approach

Unter diesem Aspekt ist dem Kapitel Qualitätsmanagement sehr viel Bedeutung geschenkt worden. Die Autoren dieses Buches halten es für absolut unerlässlich, dass sich strategische Einkäufer im internationalen Umfeld mit den beschriebenen Themen auseinandersetzen. Selbstverständlich kommen nicht alle Themen für alle Produkte und Lieferanten zum Einsatz. Es ist jedoch wichtig, die einzelnen Instrumente zu kennen und im Bedarfsfall einsetzen zu können.

Ein erfolgreiches Zusammenspiel zwischen der Technik und den kaufmännischen Belangen, die Synergien für das gesamte Unternehmen bringen und keine Spannungen und Reibungen erzeugen, ist mit der konsequenten Umsetzung dieser Philosophie ein willkommenes Nebenprodukt (aber durchaus gewollt).

Was verlangt der globale Wettbewerb von den lokalen Herstellern?

Zum Abschluss noch eine Übersicht über Trends im Bereich der Produktentwicklung im globalen Umfeld. Veränderte Produktanforderungen werden veränderte Beschaffungsstrategien nach sich ziehen, daher ist es für den strategischen Einkäufer wichtig, sich auch mit diesen Entwicklungen frühzeitig auseinanderzusetzen. Nachfolgend die Entwicklungen, die vermehrt auf die Unternehmen zukommen werden:

- Standardisierung von Bauteilen und Baugruppen in der Entwicklung.
- Einsatz von anwendbaren Hightech-Bauelementen zur Reduzierung der Bauteileanzahl, zur Erhöhung der Zuverlässigkeit und zur Reduzierung der Kosten von Baugruppen und Geräten.
- Bei Nichtanwendung dieser Maßnahmen abnehmende Fertigungstiefe bei Produkten durch Beschaffung von Baugruppen.
- Zunehmender Automatisierungsgrad durch Einsatz von Robotern und automatischen Testsystemen sowie TQM (SPC, Out of Box Quality, DPPM, QVL, VQM, CLCA, Risk Analysis, etc.).
- Konzentration auf strategische Schwerpunkte durch Ausphasierung von nicht profitablen Low-Cost-Produkten.
- Erhöhtes Outsourcing von Baugruppen und Produkten zur Kostenreduzierung sowie zur Abdeckung von lokalen und weltweiten Markterfordernissen.
- Einführung von Global-Sourcing-Strategien und der notwendigen Organisationsstruktur zur Beschaffung von Bauelementen und Baugruppen.

7.0 Checklisten und Tipps

Checkliste Global Sourcing

Ziel der hier aufgeführten Fragen ist die Standortbestimmung des eigenen Unternehmens im Bereich Global Sourcing. Die Beantwortung der Fragen soll dem Unternehmen Hilfestellung bieten, das komplexe Thema Global Sourcing erfolgreich im eigenen Unternehmen umsetzen zu können.

1 Strategische Ausrichtung

1. Wird Global Sourcing aktiv im Unternehmen praktiziert und ist es Bestandteil der Unternehmensphilosphie?

2. Welche Bedeutung hat der internationale Einkauf (Global Sourcing) im Unternehmen?

3. Welche Produkte bieten sich zum internationalen Bezug an (Portfolio-Darstellung) und ist das Einkaufsvolumen groß genug?

4. Gibt es bereits eigene Produktionsstandorte oder Vertriebsorganisationen in diesen Ländern und werden diese Quellen für den Beschaffungsbereich ausreichend genutzt?

5. Gibt es Überlegungen, mit den eigenen Produkten internationale Märkte zu erschließen?

6. Erscheint ein gemeinsames Vorgehen von Marketing/Vertrieb und Einkauf in diesen Ländern sinnvoll?

7. Kann ein möglicher Lieferant mehr als nur Teile liefern (gemeinsame Entwicklungen, gemeinsamer Vertrieb, Joint Venture)?

8. Ist ein entsprechendes Projektteam gebildet worden und haben die übrigen Abteilungen (Produktion, Qualität, Entwicklung) die gleichen Vorgaben wie der Einkauf?

9. Stehen in der Budgetplanung entsprechende Mittel (Reisekosten, Kosten für lokale Einkaufsbüros

etc.) für Global-Sourcing-Aktivitäten zur Verfügung?

10. Werden die internen Verfahrensabläufe (Cash Flow, Wareneingangskontrolle, Logistik, Lieferzeiten etc.) auf einen möglichen weltweiten Materialbezug überprüft und angeglichen?

11. Ist eine Aufteilung der Aufgabengebiete des Einkaufs in strategische und operative Aufgaben möglich oder bereits schon durchgeführt?

2 Einkaufsbereich

1. Ist die strategische Ausrichtung des Einkaufsbereiches in jüngster Zeit mit den Unternehmenszielen abgestimmt worden?

2. Liegen dem Einkauf entsprechende Informationen über internationale Beschaffungsmärkte vor?

3. Hat der Einkauf entsprechendes internationales Know-how?

4. Sind entsprechende Sprachkenntnisse bei den Mitarbeitern vorhanden?

5. Werden ausreichend Informationsträger und Vorbereitungsseminare vom Einkauf benutzt?

6. Ist der strategische Einkauf weitestgehend vom administrativen Geschäft entlastet?

7. Ist überprüft worden, welche Bereiche eventuell ausgelagert werden können, um Kapazitäten zu schaffen?

8. Ist eine entsprechende Informationstechnologie vorhanden (E-Mail, Internet etc.)?

9. Sind Kenntnisse über internationales Vertragsrecht vorhanden?

10. Sind entsprechende Werkzeuge (z.B. TOCO-Modell, Datenbank für Länder- und Lieferanteninformationen) für den strategischen Einkauf installiert worden?

11. Liegen entsprechende Kostenstrukturen über die Produkte vor, die international angefragt werden sollen?

12. Können den Lieferanten realistische Preisvorgaben (Price Targets) mitgeteilt werden?

3 Zusammenarbeit mit den Lieferanten

1. Welche Formen der Zusammenarbeit kann mit internationalen Lieferanten angestrebt werden?

2. Ist die Geschäftsführung bereit, die Lieferantenkontakte im Ausland zu pflegen und auszubauen?

3. Sind Musterbriefe und Standardprotokolle in englischer Sprache vorhanden?

4. Gibt es ein abgestimmtes Anforderungsportfolio für die Lieferantenauswahl (Supplier-Checkliste / Supplier-Audit-Form)?

5. Sind bei der Lieferantenauswahl alle beteiligten Stellen als Team eingebunden oder arbeitet jede Abteilung für sich?

6. Gibt es einen abgestimmten Plan, wie die Lieferantenbetreuung aussieht?

7. Ist der Lieferant über die mögliche Einbeziehung externer Dienstleister (Einkaufsbüros, Qualitätshäuser) informiert?

8. Kann der Lieferant in die Kommunikationstechnologie (E-Mail, Internet etc.) des Unternehmens eingebunden werden?

9. Kann mit dem Lieferanten eine *Open Book Policy* betrieben werden?

4 Vor der Anfrage abzuklären

Nicht alle Teile eignen sich für eine Global Sourcing Betrachtung. Daher erscheint es zunächst sinnvoll, eine Analyse des vorhandenen Einkaufsspektrums vorzunehmen. Es empfiehlt sich hierfür die Erstellung einer Portfolio-Analyse.

1. Eignet sich das angefragte Teil für den internationalen Einkauf?

- Anteil Lohn-/Material-/Gemeinkosten
- ausreichende Stückzahlen/Einkaufsvolumen
- stabiles Design

2. Sind entsprechende englische Zeichnungs- und Spezifikationssätze vorhanden?

3. Können der Anfrage Musterteile beigelegt werden?

4. Welche Länderregionen werden berücksichtigt?

5. Können Einkaufsbüros (IPO's) eingeschaltet werden und welche Kostensätze fallen für diese Dienstleistungen an?

6. Sind alle beteiligten Stellen beim Entscheidungsprozess mit einbezogen?

7. Ist mit der Entwicklungs- bzw. Qualitätsabteilung abgesprochen, dass evtl. alternative Materialien freigegeben werden müssen?

8. Sind entsprechende Qualitätsvorgaben in englischer Sprache erstellt worden?

9. Sind mit der Hausbank/Finanzabteilung die neuen möglichen Zahlungsmodalitäten und die Absicherung des Währungsrisikos abgesprochen worden?

10. Besteht eine entsprechende Importabteilung im Hause oder sind entsprechende Vereinbarungen mit externen Logistikdienstleistern getroffen worden?

11. Ist ein internationaler Kaufvertrag erstellt worden?

12. Sind die Incoterms bekannt und entsprechend in den Anfrageunterlagen aufgeführt?

13. Ist mit der internen Poststelle der Versand der Anfragedokumente per Kurierservice (nicht normaler Postversand) abgesprochen worden?

5 Laufende Geschäftsbeziehung mit internationalen Lieferanten

1. Ist ein internationaler Kaufvertrag oder Werkzeugvertrag notwendig?

2. Ist mit dem Lieferanten eine individuelle Qualitätsvereinbarung abzuschließen?

3. Inwieweit werden externe Dienstleister (Qualitätskontrolle, Auftragsverfolgung, Verschiffungsfreigabe) mit einbezogen?

4. Können die Zahlungsmodalitäten optimiert werden (Kauf gegen Rechnung statt L/C)?

5. Ist der Lieferant bereit, regelmäßige *Order Status Reports* zu erstellen?

6. Wie wird die Garantieabwicklung festgelegt?

7. Ist die Logistik optimal an den neuen Warenfluss angepasst worden?

8. Ist der richtige Logistikpartner ausgewählt worden?

9. Besteht die Möglichkeit, das Internet verstärkt als Kommunikationsmedium einzubinden?

6 Kaufverträge

Beim internationalen Kaufvertrag sollten vor Verhandlungsbeginn folgende Punkte abgeklärt sein:

- Präambel festlegen
- genaue Beschreibung des Kaufgegenstandes
- Festlegung des Kaufpreises
- Zahlungsbedingungen
- Eigentumsübertragung
- Liefertermine und Vertragsstrafe bei Terminverzug
- Transport und Versicherung
- Gefahrenübergang und Haftung/Gewährleistung
- Auftragsabwicklung
- anzuwendendes Recht
- Erfüllungsort und Gerichtsstand bzw. Schiedsgericht
- Vertraulichkeitserklärung
- Währungsschwankungen

Checkliste Risk Management

Ziel der hier aufgeführten Fragen ist die Standortbestimmung des eigenen Unternehmens im Bereich Risk und Contract Management im internationalen Einkauf. Die Beantwortung der Fragen soll dem Unternehmen Hilfestellung bieten, das komplexe Thema Risk Management erfolgreich im eigenen Unternehmen einführen und umsetzen zu können.

1 Strategische Ausrichtung

1. Wird das Risk Management aktiv im Unternehmen praktiziert und ist es Bestandteil der Unternehmensphilophie (evtl. auch Berichtspflicht im Rahmen der Veröffentlichungspflichten)?

2. Wird das Risk Management auch im operativen Bereich (Einkauf) praktiziert?

3. Liegen Aussagen und Berechnungen vom Controlling vor, welche Kosten das operative Risiko im Einkaufsbereich verursachen kann (Stillstandszeiten, Qualitätskosten etc.)?

4. Sind Risiko-Portfolios im Einkaufsbereich erstellt worden?

5. Gibt es entsprechende Anweisungen, Prozesse oder Leitlinien für den strategischen Einkauf zur Einführung oder zum Ausbau der notwendigen Werkzeuge im Bereich Risk und Contract Management?

6. Wie hoch ist der Anteil an außereuropäischen Lieferanten (heute und in fünf Jahren)? Müssen daher die heutigen Spielregeln neu überdacht werden?

7. Wird eine globale Lieferantenstrategie verfolgt (unter Einbeziehung der internationalen Werke – internationales Materialgruppenmanagement)?

8. Stehen in der Budgetplanung entsprechende Mittel (Projektkosten, Reisekosten, Kosten für lokale

Einkaufsbüros, Kosten für Tools etc.) für dieses Thema zur Verfügung?

2 Einkaufsbereich

1. Ist eine Aufteilung der Aufgabengebiete des Einkaufs in strategische und operative Aufgaben möglich oder bereits schon durchgeführt?

2. Ist die strategische Ausrichtung des Einkaufsbereiches in jüngster Zeit mit den Unternehmenszielen abgestimmt worden?

3. Ist der strategische Einkauf weitestgehend vom administrativen Geschäft entlastet?

4. Ist überprüft worden, welche Bereiche eventuell ausgelagert werden können, um Kapazitäten zu schaffen?

5. Können Einkaufsbüros (IPO's) eingeschaltet werden und welche Kostensätze fallen für diese Dienstleistungen an?

6. Hat der Einkauf entsprechendes internationales Know-how?

7. Sind entsprechende Kenntnisse zu diesem Komplex bei den Mitarbeitern vorhanden und sehen Sie die Notwendigkeit dieser Aktion?

8. Werden ausreichend Informationsträger und Vorbereitungsseminare vom Einkauf benutzt?

9. Bekommt der Einkauf die entsprechende Unterstützung von den Nachbarabteilungen (Recht, Controlling etc.)?

10. Sind Kenntnisse über internationales Vertragsrecht vorhanden?

11. Sind entsprechende Werkzeuge (z.B. TOCO-Modell, Datenbank für Länder- und Lieferantenin-

formationen) für den strategischen Einkauf installiert worden?

12. Liegen entsprechende Kostenstrukturen über die Produkte vor, die international angefragt werden sollen?

3 Lieferantenmanagement

1. Besteht ein entsprechender formeller Auswahlprozess für die unterschiedlichen Lieferantenkategorien (Strategische, Standard, Bottleneck, Leverage)?

2. Ist festgelegt worden, in welchen Fällen ein Factory-Audit durchgeführt werden muss und wann vom Lieferanten Finanzdaten anzufordern sind?

3. Gibt es ein abgestimmtes Anforderungsportfolio für die Lieferantenauswahl (Supplier-Checkliste / Supplier-Audit-Form)?

4. Gibt es Pre-Shipment und individuelle Qualitätssicherungsvereinbarungen mit den strategischen und Single-Source-Lieferanten?

5. Wie viele Single-Source-Lieferanten gibt es und sind alle dem Management bekannt?

6. Ist die Geschäftsführung bereit, die Lieferantenkontakte im Ausland zu pflegen und auszubauen?

7. Gibt es eine entsprechende strategische Lieferantendatenbank für alle Werke (keine SAP-Liste, sondern eine individuelle Datenbank mit Bildern, Auditberichten etc.)?

8. Sind bei der Lieferantenauswahl alle beteiligten Stellen als Team eingebunden oder arbeitet jede Abteilung für sich?

9. Gibt es einen abgestimmten Plan, wie die Lieferantenbetreuung aussieht?

10. Ist der Lieferant über die mögliche Einbeziehung externer Dienstleister (Einkaufsbüros, Qualitätshäuser) informiert?

11. Kann der Lieferant in die Kommunikationstechnologie (E-Mail, Internet etc.) des Unternehmens eingebunden werden?

12. Kann mit den strategischen Lieferanten eine *Open Book Policy* betrieben werden?

13. Ist die Logistik optimal an den neuen Warenfluss angepasst worden?

4 Total Cost und Länderrating

1. Ist eine Total-Cost-Betrachtung als Standard im Einsatz?

2. Wird die Total-Cost-Betrachtung konsequent eingesetzt?

3. Hat der Controlling-Bereich Kosten (Q-Kosten, Lieferantenbetreuung, Anlaufkosten etc.) für die Total-Cost-Betrachtung ermittelt?

4. Gibt es ein Länder-Rating System?

5. Welche Länderregionen werden berücksichtigt?

6. Wer pflegt die Tools und werden diese regelmäßig angepasst?

7. Sind alle beteiligten Stellen beim Entscheidungsprozess mit einbezogen?

8. Sind mit der Hausbank/Finanzabteilung die neuen möglichen Zahlungsmodalitäten und die Absicherung des Währungsrisikos abgesprochen worden?

9. Besteht eine entsprechende Importabteilung im Hause oder sind entsprechende Vereinbarungen

mit externen Logistikdienstleistern getroffen worden?

10. Sind die Incoterms bekannt und entsprechend in den Anfrageunterlagen aufgeführt?

5 Contract Management

1. Liegen entsprechende und angepasste Vertragsdokumente (Internationaler Einkaufsvertrag, Geheimhaltung, Werkzeugvertrag) vor und sind diese auch anwendbar?

2. Ist die Unterstützung der Rechtsabteilung hilfreich und ausreichend?

3. Wie sieht die versicherungstechnische Absicherung (Produkthaftpflicht Lieferanten) des eigenen Unternehmens aus?

4. Gibt es eindeutige Vorgaben, in welchen Fällen ein internationaler Kaufvertrag, Qualitätsvereinbarung, Geheimhaltung oder Werkzeugvertrag notwendig ist?

5. Inwieweit werden externe Dienstleister (Qualitätskontrolle, Auftragsverfolgung, Verschiffungsfreigabe) mit einbezogen und sind diese mit den internen Regularien vertraut?

6. Können die Zahlungsmodalitäten optimiert werden (Kauf gegen Rechnung statt L/C)?

7. Wie wird die Garantieabwicklung festgelegt?

8. Wie werden die Dokumente und Vereinbarungen abgelegt und verwaltet?

6 Notfallplan und Dokumentation

1. Sind mit dem Einkauf entsprechende Szenarien (Währungsrisiken, Streik, Insolvenz, Einbruch der Leistungsperformance des Lieferanten, Naturkatastrophen etc.) besprochen worden und wie erfolgt die Rückmeldung (früher ist besser) und wann wird ein Notfallplan eingeleitet?

2. Gibt es Notfallpläne für einzelne Störfälle und werden Störungen als Anlass genommen, diese gemeinschaftlich zu diskutieren und daraus zu lernen, oder bleibt dies immer eine Einzelaktion?

3. Gibt es eine Datenbank, wo diese Störfälle gesammelt und dokumentiert werden?

4. Finden regelmäßige Brainstorm-Meetings statt, in denen gewisse Szenarien besprochen werden?

5. Sind die Maßnahmen im Rahmen des Risk Management dokumentiert worden und als Prozess im Einkauf verankert?

Checklisten Qualitätsmanagement

Im Nachfolgenden sind als Praxisbeispiele einige wichtige Checklisten aus dem Bereich Qualitätsmanagement aufgeführt. Im Einzelnen handelt es sich hierbei um:

- *Zehn Goldene Regeln für erfolgreiche Verhandlungen*
- *Gestaltung Reiseplanung*
- *Beispiel: Vorbereitung (roter Faden) Lieferantenmeeting*
- *Beispiel: Inhalte Strategie-Meeting*
- *Beispiel: Inhalte Product Definition*
- *Beispiel: Entwicklungs- und Qualitätsplan für Sourcing-Produkte*
- *Beispiel: Procurement Specification (Beispiel Elektronik)*
- *Beispiel: ECN – Engineering Change Notice / Änderungsmitteilung*
- *Beispiel: Source Inspection Report / Bericht zur Lieferfreigabe*
- *Beispiel: Bericht zur Lieferfreigabe – Anlage*
- *Beispiel: Aktions- und Zeitplan / Neues Produkt*
- *Beispiel: Qualitätsplan*
- *Fallbeispiel: Technische Risikoeinschätzung – PC-Hauptplatine*
- *Beispiel: Produkt-Audit*
- *Beispiel: Qualitätsanforderungen für Module und Produkte*
- *Checkliste-Release Statement for Mass Production*
- *Checkliste für OEM-Projekte (Technologie und Lizenzabkommen)*
- *Bezugsquellen in Asien für Bauelemente, Baugruppen und Produkte*
- *Kurzübersicht von nationalen und internationalen Kontaktstellen*

- **Zehn Goldene Regeln für erfolgreiche Verhandlungen im internationalen Umfeld**

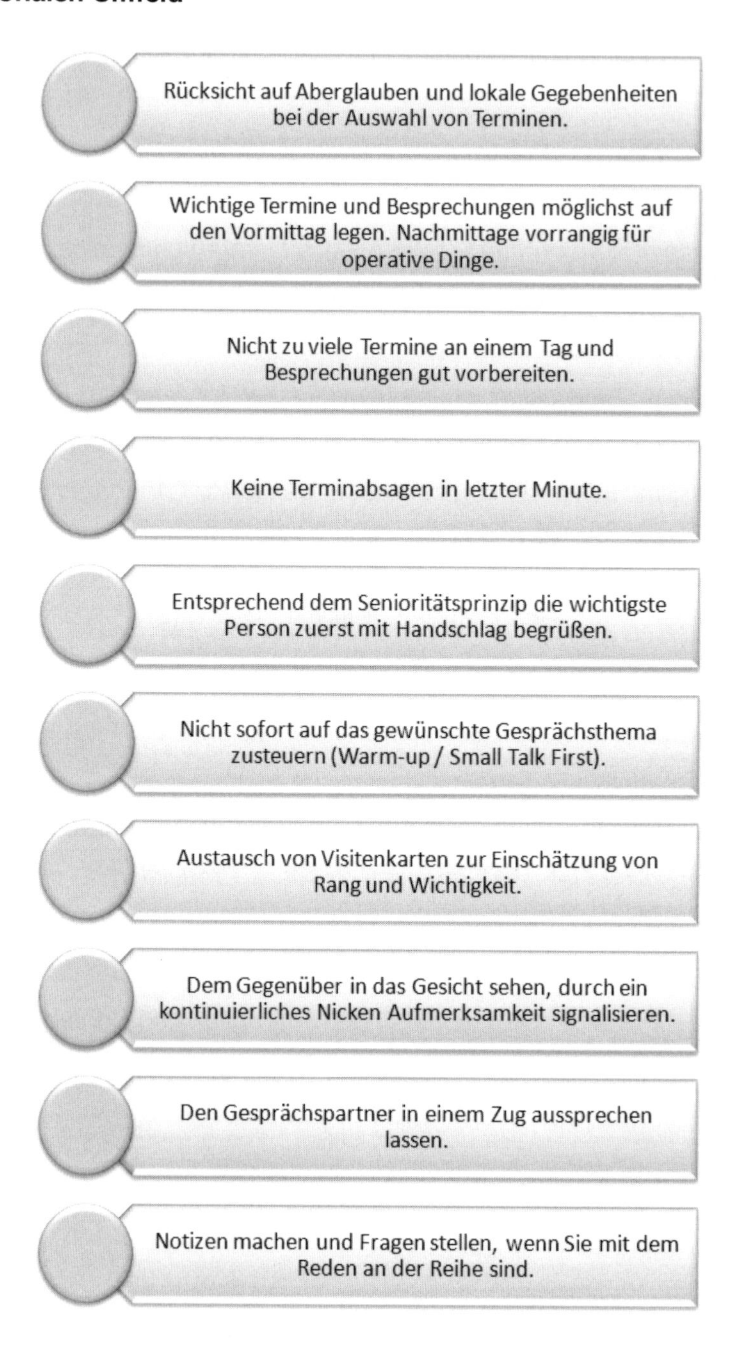

Gestaltung Reiseplanung

Zu besuchende Länder

- China (Hongkong)
- Taiwan
- ....

Zeitplanung

- Reise von .... bis......................
- Reiseroute ....
- Visa-Beantragung für Länder mit Visa-Pflicht

Hotelplanung

- Abholservice Hotel
- Abholservice Companies

Themen

- Produkt A
- Metal Case
- Power Supplies
- Board Assembly
- Verträge: Geheimhaltung und Kaufvertrag
- ....

Besuche folgender Firmen

- ....

Anschreiben aller zu besuchenden Firmen

- Warum Besuch / Vorschlag Besprechungsagenda
- Geplante Teilnehmer (beide Seiten) ....

Unterstützung in lokaler Sprache (z.B. Chinesisch) notwendig?

Internes Meeting mit Geschäftsleitung wegen

- Teilnahme
- Themen
- Strategie
- Ergebnis der Reise

Unterlagen vorbereiten

- Firmenpräsentation und kleine Besuchsgeschenke
- Verträge und Formulare (z.B. Audit-Form)
- Teilemuster (ggf. per Digitalfoto) und Pro-Forma-Invoice für Zoll

➢ Beispiel: Vorbereitung (roter Faden) Lieferantenmeeting

Meeting: ....
Location: .... Date: ....
Participants: ....

- ***General Presentation***

  - Company Profile and Strategy
  - Product Family and Trend
  - Strategy - Chip/Board/SW
  - Quality Level of Products
  - Joint Venture Strategy/OEM/ODM
  - Sourcing and Qualification of Products
  - Others

- ***Technical Issues***

  - Schedule/BOM/Costs - Samples and Production
  - Specification
  - Adaptation of Hardware/BIOS
  - Qualification and Certification (Country Versions)
  - SW/Driver/Utility Development

- ***Commercial Issues***

  - Contract
  - Flexibility
  - Logistics
  - Shipment - Cost: Air/Sea-Air/Sea
  - Buffer Stock
  - Lead Times
  - General Terms and Conditions
  - Others

- ***Future Business Issues***

  - HW/SW-Roadmaps
  - General Outlook
  - Business Trends

- ***Wrap-up and Action Items***

- ***Next Meeting***

➢ **Beispiel: Inhalte Strategie-Meeting**

Datum: ...., Ort: ...., Zeit: ....

Teilnehmer: ....

- Verantwortlichkeiten-Festlegung
- Manpower- und Raum-Planung
- Global-Sourcing-Strategie
- Entscheidungs-Kriterien/Matrix
- Produktstrategie/Produktanzahl/Roadmaps RASUI
- Produktdefinitionen/Kostenanalysen
- Prioritätenfestlegung
- Joint Ventures USA/Asien/etc. - Entscheidung und Auswirkung
- Entwicklung intern/extern - Struktur und Abläufe
- Systemintegration (HW/SW)/Testtiefe/Qualitätslevel
- Produktion/Logistik/Modellvarianten/TQM
- Sonstiges
- Zusammenfassung der Ergebnisse und Aktionspunkte
- ....

➢ **Beispiel: Inhalte Product Definition**

Datum: ...., Ort: ...., Zeit: ....

Project: ....

Prepared: .... Date: ....

Approved: .... Date: ....

- Product Definition - S/W / H/W / System
- Customer Configurations - System/Features
- Development Requirements – Software/Hardware
- Legal Requirements
- Quality/Reliability Requirements
  - Schedule System
  - Software/Hardware
  - Sourcing/Evaluation
  - System Integration
  - Release to Market
  - Delivery Samples/Production
- Budget - Development
  - Software
  - Hardware

Break Even Point

➢ Beispiel: Entwicklungs- und Qualitätsplan für Sourcing-Produkte

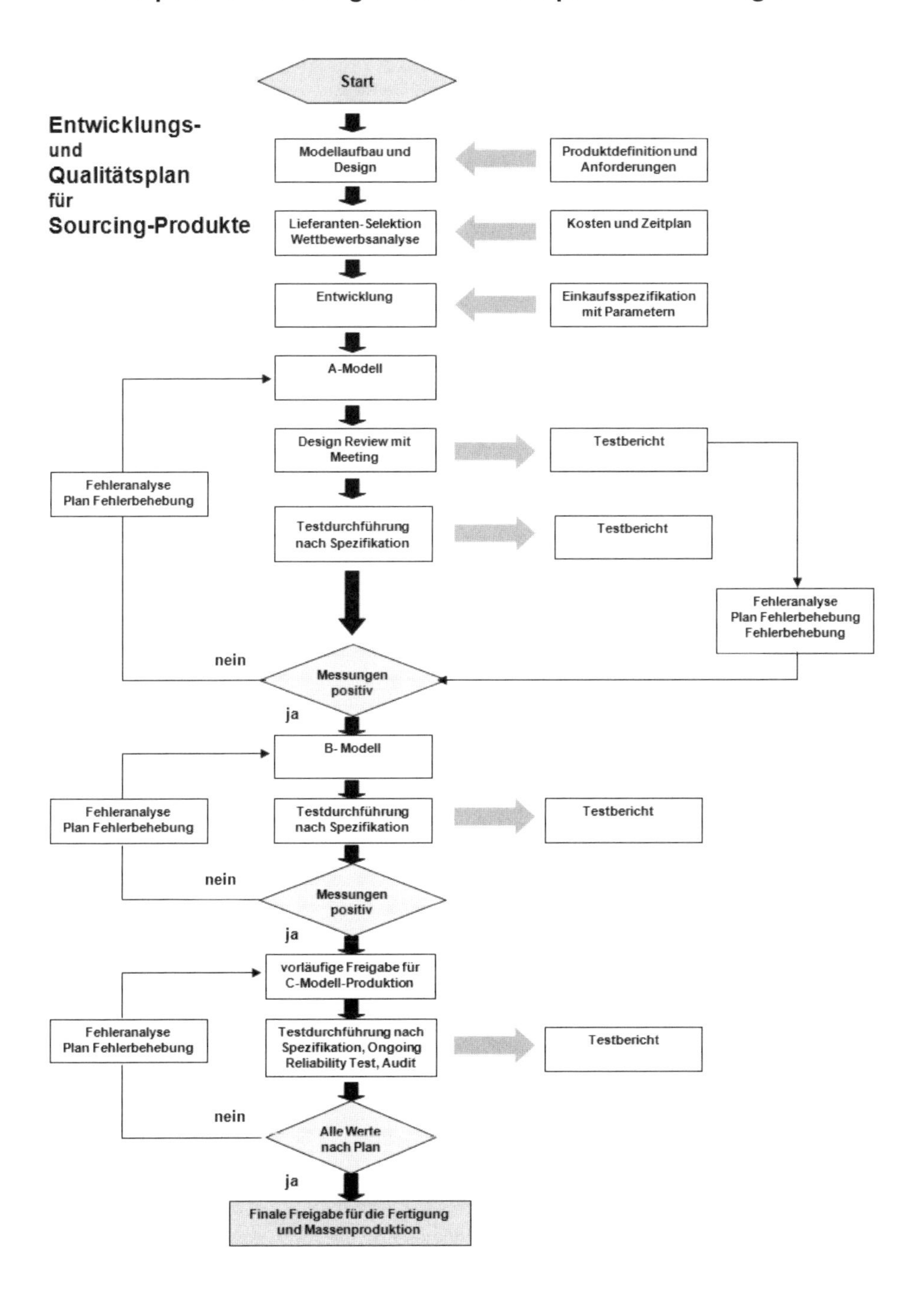

➢ **Beispiel: Procurement Specification (Beispiel für ein elektronisches Produkt)**

<table>
<tr><td colspan="7">Product: .... Specification: .... Rev.: ....</td></tr>
<tr><td>Revision</td><td>Released for Production</td><td>Control Plant</td><td>Prepared by</td><td>Date</td><td>Approval by</td><td>Date</td></tr>
<tr><td></td><td></td><td></td><td></td><td></td><td></td><td></td></tr>
<tr><td colspan="7">Vendor Approval

Approval to this document indicates that this specification, prepared by

Company ....

O Approved as is.
O Approved with the exception of deviation as marked.</td></tr>
<tr><td colspan="7">Company name ....
Authorized person ....
Title ....
Signature ....
Date ....</td></tr>
<tr><td colspan="7">THE CONTENT OF THIS DOCUMENT IS COMPANY INTELLECTUAL PROPERTY".
IT IS TO BE TREATED AS STRICTLY CONFIDENTIAL AND IS NOT TO BE DISCLOSED, REPRODUCED, OR USED EXCEPT AS AUTHORIZED IN WRITING BY .... IN CONNECTION WITH THE MANUFACTURE, MAINTENANCE AND USE OF THE ....EQUIPMENT TO WHICH IT PERTAINS.</td></tr>
</table>

➢ **Beispiel: ECN-Engineering Change Notice (Änderungsmitteilung)**

To/An:	ECN#: .... From/Von:	Priority/: .... Priorität	Date/: .... Datum Rev.:

Company: ....

P/N: ....

☐ Interchangeable / austauschbar ☐ Not Interchangeable / nicht austauschbar

Change Affects / Änderung betrifft:

☐ Components/ Bauteile ☐ Assembly/ Fertigung ☐ Specification/ Spezifikation ☐ Drawings/ Zeichnung ☐ Others/ Sonstiges

Reason / Grund:

Description / Beschreibung:

Tests Completed Successfully / Tests erfolgreich abgeschlossen:

☐ Functional/ Funktion ☐ Qualification/ Test ☐ Safety/ Sicherheit ☐ FCC/FTZ/ Funkentstörung ☐ Reliability/ Zuverlässigkeit

Change Effectivity by Serial No.:/ Änderung gültig bei Seriennummer: Date / Datum:

Approved by / geprüft durch: Company - QA /Qualitätssicherung:

Company Decision and Comments / Entscheidung und Kommentar :

☐ Approval/ Freigabe ☐ Approval under conditions listed below/ Freigabe mit Auflagen, siehe unten ☐ Rejected Reason/ Ablehnung, Grund

________________ Date/Datum Engineering

________________ Date/Datum QA

Note: Priority - Response of Company within: 1 = 1-2 Days; 2 = 3-7 Days; 3 = 7-12 Days

➢ **Beispiel: Source Inspection Report / Bericht zur Lieferfreigabe**

Hersteller: ....
Produkt: ....

Folgende Produkte wurden vom ***Company***-Qualitätsingenieur geprüft. Das Ergebnis ist wie folgt:

Los #	Datum	Anzahl	Produkt Rev.	Seriennr. Bereich	Ergebnis

Kommentar:

Geprüft,

____

Company

Qualitätsingenieur

Geprüft,

____

Leiter

Einkauf/Produktion/QS

- **Beispiel: Source Inspection Report / Bericht zur Lieferfreigabe**
  Anlage: Detailbericht

Datum : ....

Losgröße : ....

Sample Plan : n =........ c = ...

Produktname : ....

Anzahl geprüft: ....

Anzahl ok : ....

Geprüft durch: ....

Anzahl abgelehnt: ....

Los: ok / abgelehnt

Produkte geprüft von: ....

Seite: ....

#	Seriennummer	#	Seriennummer	#	Seriennummer
1		10		19	
2		11		20	
3		12		21	
4		13		22	
5		14		23	
6		15		24	
7		16		25	
8		17		26	
9		18		27	

Inspektions-Checkliste

1. Funktion
2. Visuelle/mech. Prüfung
   - Abmessungen
   - Aufkleber/Verpackung
   - Stecker/Kabel
   - Schalterstellung
   - Andere Punkte

....

....

....

➢ Beispiel: Aktions- und Zeitplan / Neues Produkt

Aktionen und Zeitplan: **Entwicklung und Qualifizierung**

Produkt: **PC-Gehäuse**

AKTION	COMPANY	LIEFERANT	KOMMENTAR
1) Spezifikation verfügbar			Freigegeben am
2) Design-Konzept fertig			
3) Design-Überprüfung mit Lieferant			
4) Prototype verfügbar ex Lieferant			2 Muster
5) Zeichnungen für A-Modell fertig			
6) Info von Company über Prototypen-Testergebnis			
7) A-Modell verfügbar ex Lieferant			10 Muster
8) Info von Company über A-Modell-Testergebnis			
9) Produktionswerkzeug-Initiierung			
10) Produktionswerkzeug-Fertigstellung			
11) B-Modell verfügbar ex Lieferant			20 Muster
12) Info von Company über B-Modell-Testergebnisse			
13) Produktionswerkzeug Fertigstellung - Metallteile - Plastikteile			nur minimale Änderungen zugelassen
14) C-Modell verfügbar ex Lieferant			50 Muster
15) Source Inspection von Company - Werkzeuge - C Modelle			
16) Bericht von Company			
17) Einfließen notwendiger Änderungen			
18) Massenproduktion - Ramp-up - Stückzahl pro Monat			Monat 1 .... Monat 2 .... Monat 3 .... Monat n ....
19) Angebot verfügbar von Lieferant basierend auf - Prototype - vorläufige Version - C-Modell - finale Version			
20) Verantwortliches Team Company			
21) Verantwortliches Team Lieferant			

➢ **Beispiel: Qualitätsplan**

Qualitätsplan für das Produkt ....

Zweck:
Qualitätsverbesserung für das Produkt ....
Verschiffte Produkte sollen den spezifizierten Qualitätslevel einhalten.

Übersicht:
Der Qualitätsplan deckt alle Aktivitäten ab für die Bereiche:

Entwicklung	(Product Design)
Wareneingangsprüfung	(Incoming Control)
Prozess-Qualitätskontrolle	(Inprocess Quality Control)
Test in der Produktion	(Production Line Testing)
Qualitätskontrolle vor Auslieferung	(Preshipment Quality Control)
Kundendienst-Prüfung	(Field Service Control)

Allgemeiner übergreifender Qualitätsplan
Entwicklungsplan hinsichtlich Qualitätskontrolle
Technische Spezifikation
Entwicklung des Produktes
Produkt-Verifikation
Pilot-Test

Einkaufs-Qualitätskontrolle
Geprüfte Lieferantenliste QVL (Qualified Vendor List)
Koordinierung zwischen Lieferanten und Fertigung

Lieferanten-Qualitätskontrolle

Lieferantenauswahl	(Vendor Selection)
Lieferanten-Übersicht	(Vendor Survay)
Lieferantenreaktion bei Änderungsanfragen	(Supplier's Correctives Action Request)
Lieferanten-Einstufung	(Vendor Rating)
Musterqualifizierung	(Sample Qualification)

Wareneingangskontrolle

Prüfmuster-Plan	(Sampling Plan)
QVL-Prüfung/AQL	(Qualified Vendor List Control/AQL)
Nicht entsprechendes Material	(Nonconforming Material)
CLCA-Technik	(Closed Loop Correction Action Technique)

Qualitätskontrolle im Fertigungsprozess

(Defective Parts Per Million-Level)

Prozess-Audit (Process Audit)
Qualitätsziele (Quality Goals)
Aktionspläne (Action Plans)
Warenausgangs-QA Plan (Outgoing QA Plan)
Datensammlung (Data Collection)
Datenanalyse (Data Analysis)

Qualitätstechnik
MTBF = Mean Time Between Failures
MTBSC = Mean Time Between Service Calls (MTBSC = 0,75 x MTBF)

Der Faktor 0,75 ist ein Erfahrungswert, der bei einer großen Anzahl getesteter elektromechanischer Produkte als Mittelwert errechnet wurde und von großen Firmen als Standard verwendet wird.

MTTR = Mean Time To Repair (mittlere Reparaturzeit)
Erster Zuverlässigkeitstest (Ongoing Reliability Test)
Umgebungseinfluss-Stress-Test (Environmental Stress Test)
Temperatur/Feuchtigkeits-Test (Temperature/Humidity Test)
Vibrations-/Schocktest (Vibration/Shock Test)
Produktsicherheit/EMV Test (Product Safety /EMC Test)
Nicht entsprechendes Material (Nonconforming Material)
Einlauftest (Run in Test)

Feldrückläufer und Plan zur Fehlerbehebung
Los-Qualität oder ausgelieferte Qualität (Lot Quality or shipped Quality)
Ausgefallene Stückzahl mit Seriennummer und Fehlerbeschreibung (Failed Quantity with Serial No. and Failure Symptoms)

Ausfallrate/Qualität nach dem Auspacken (Defect Rate/Out Of Box Quality)

- **Fallbeispiel: Technische Risikoeinschätzung - PC-Hauptplatine**

Auswahl einer PC-Hauptplatine von zwei selektierten Lieferanten basierend auf:

- Kosten und Zeitplan
- technische Spezifikation und Funktion
- Testergebnisse
- Lieferantenfähigkeit
- Risiko-Einschätzung

Items main board	Supplier A	W	Supplier B	W
Price $				
Board	**155,00**	2	**145,00**	4
Cache 2MB				
Schedule				
A - Model	**10 pcs in house**	5	**10 pcs in house**	5
B - Model				
C - Model				
Technical specification				
Core chipset	VIA		**VLSI**	
Graphic	S3		S3	
Interface devices				
Video RAM				
BIOS for bring up	Award	1	Phoenix	6
Documentation	available	5	available	5
Schematics	available	5	available	5
Worst case analysis	partly	2	partly	2
Memory design				
Silk screen	**has to be improved**	2	**first step ok**	4
BUS board	ok	5	ok	5
Sub result of Risk assessment		27		36

Items main board	Supplier A	W	Supplier B	W
Board Lay Out & MFG				
# of components	**524 mixed parts**		**889 SMD parts**	
DFM				
Grade of automation	**low**	2	**high**	5
Placement accuracy	**good**	5	**good**	5
Solder quality reflow	**good**	5	**good**	5
Solder quality soldering	**good**	5	**good**	5
Bare board complexity Trace/space	**ok**		**ok**	
General	**- pad geometries need to be improved - Traditional design - more manual inserted comp.**	3	**- good robust design - more advanced than competitor**	4
Function				
Over/Undershoot	**need improvement**	2	**need improvement**	3
Strife	**ok**	5	**Memory failed at 85 degree**	4
Stability of Design	**equal**	3	**equal**	3
Compatibility SW/HW	**see comment BIOS problems**	3	**See comments**	4
RFI	**need improvement**	2	**need improvement**	3
Fit with cabinet/PS	**see comment**	2	**see comment**	4
Network	**ok**	5	**ok**	6
Performance				
Win bench	**equal**	4	**equal**	4
Vendor capabilities & support				
Engineering skill and experience		3		5
Responsiveness		3		4
Language skill		4		5
Flexibility		4		4
Planned test Activities by vendor		3		4
Phoenix BIOS knowledge		1		6
Risk assessment				
Stability of core chip		5		5
Stability of board design		3		4
Schedule of B/C models		4		4
Test and certification		3		5
Result first page		27		36
Result of Risk assessment		**106**		**137**

Erklärung: W = Weight (1 - bad, 6 - excellent)

➢ **Beispiel: Produkt-Audit**

PREPARED: ______________________________

APPROVED: ______________________________

REVISION: ______________________________

INHALTSVERZEICHNIS

A AUFGABE

Ein Produkt-Audit dient zur Sicherstellung und Überprüfung der Produkteigenschaften mit den festgelegten Qualitätsanforderungen. Grundlagen hierzu sind die jeweiligen Produktspezifikationen, freigegebene Zeichnungen und Prozess-Verfahrensbeschreibungen, in denen das Produkt gefertigt wird.

Die Durchführung erfolgt aus der Sicht des Kunden:

- um eine neutrale Feststellung des ausgelieferten Qualitätsniveaus zu erhalten
- zur Ermittlung von Verbesserungsmöglichkeiten der Produktqualität und -zuverlässigkeit
- um systematische Fehler aufzudecken
- um Fehlerschwerpunkte festzustellen
- um Qualitätstrends und Zuverlässigkeitstrends festzustellen

B GELTUNGSBEREICH

Grundsätzlich wird das Audit in zwei Varianten unterschieden:

- ***Unit Audit*** - Audit des gefertigten Gerätes vor dem Verpacken.
- ***Out of Box Audit*** - Audit an verpackten Einheiten mit dem gesamten Zubehör. Das hier beschriebene Audit gilt für das Lager, aus dem die Auslieferung des Produktes an den Kunden erfolgt.

C VERANTWORTLICHKEITEN

Das Audit wird durchgeführt unter Verantwortlichkeit von Quality Assurance (QA).

D AUDIT-PERSONAL

Die Qualifikation des Audit-Personals wird über interne Schulungen, zusätzlich zur Facharbeiterprüfung bzw. vergleichbarer interner Ausbildungserfahrung, sichergestellt.

D.1 QUALIFIKATION / AUSBILDUNG:

Das Personal hat folgende Kenntnisse zu besitzen:

- logistische Abläufe in der Produktion Materialbeschaffung, Auftragsvergabe und Produkt-Entwicklungsprozess
- Funktionen/Leistungsumfang des zu auditierenden Produkts wie beschrieben in der Baugruppen-Produktspezifikation
- Stückliste (BOM = Bill of Material)
- Grundkenntnisse der Funktionen von: Hardware/Software
- Anwendung des Stichprobenplans: MIL Hdbk 1235B / CSP-2
- Firmenstandard der Verarbeitungsqualität (Grundlagen: freigegebene Zeichnungen zum Produkt)

E FEHLERDEFINITIONEN

E.1 KLASSIFIZIERUNG (WICHTUNG):

Die Fehlerarten FD = Functional Defects und NFD = Non Functional Defects haben die gleiche Wichtung = (1). Die Listung der Fehler bzw. des AQL (Accepted Quality Level = Annehmbare Qualitätslage) wird getrennt ausgewiesen und gemäß Stichprobenplan werden die entsprechenden Aktionen eingeleitet.

E.2 FUNCTIONAL DEFECTS (FUNKTIONSFEHLER)

Dies sind Fehler, die ein weiteres Arbeiten mit dem Produkt (entsprechend der Spezifikation) nicht mehr gestatten und eine Reparatur notwendig machen.

Dies ist sind Besonderen (Fehlerarten):

- Systemprobleme
- Mängel in der elektrischen Sicherheit
- Zuverlässigkeitseinschränkungen

E.3 NON-FUNCTIONAL DEFECTS (VERARBEITUNGSFEHLER)

Dies sind Fehler, die den Betrieb des Produkts nicht beeinträchtigen. Der Aufbau des Produkts entspricht hier nicht der Produktspezifikation und dem gültigen Standard sowie den freigegebenen Zeichnungen. Verarbeitungsfehler können z.B. Lackschäden, Gehäuseschäden und falsche Dokumente sein.

F STICHPROBENPLAN

Zur Sicherstellung der Out-of-Box-Qualität, ist der Stichprobenplan entsprechend MIL Hdbk 1235B, CSP-2 Sampling Plan anzuwenden. Die Eingriffsgrenze ist auf 99 % festgelegt. Die Entnahme des Produkts erfolgt entweder vom Lager unverpackt oder nach der Verpackung, genannt Out-of-Box-Audit-100 %-Prüfung bei Produktionsstart durchführen. Sollte innerhalb von weiteren 100 Einheiten ein weiterer Fehler festgestellt werden, treten gesonderte Prüfungen in Kraft, diese können sein:

- 100 %-Screening
- Verbleiben im Testbereich und sofortige Korrektur des Fehlers
- Stopp der Produktauslieferung

G **AUDIT-BERICHT**

Der Audit-Bericht wird automatisch erstellt. Das Bearbeitungssystem erlaubt die Abfrage nach

- defektfreie Einheiten aus einem gewünschten Zeitraum
- funktionale Fehler oder/und nichtfunktionale Fehler
- Audit-Bericht

H **ABLAUF IM FEHLERFALL**

- jede Abweichung ist im Audit-Bericht festzuhalten
- Fehleranalyse durch die QA
- defektes Gerät zur Reparatur geben, nach Absprache mit der QA
- das defekte Modul mit Fehlerbericht

➢ **Beispiel: Qualitätsanforderungen für Module und Produkte (Lieferant)**

Dokumentennummer ....
Revisionsnummer ....
Datum ....
Geschrieben von ....
Geprüft und freigegeben von ....

Änderungsblatt

Revisionsdatum Freigabe-Nr.	Seite	Beschreibung der Änderung Paragraph	Freigabe-Datum
....	....	....	....

A Out-of-Box-Qualität

A.1 Out-of-Box-Qualität

Beim Unternehmen .... erwartet eine OoB Qualität von 100 % fehlerfreie Module/Produkte, geliefert vom Lieferanten. Die Qualität muss beim Unternehmen .... verifizierbar sein. Werden defekte Module/Produkte beim Unternehmen................ festgestellt, ist dieser berechtigt diese an den Lieferanten zurückzuschicken oder sie werden verschrottet, wenn der Lieferant dies genehmigt. Reparaturkosten oder anfallende Verschrottungskosten werden dem Lieferanten aufgebürdet. Wenn die Module/Produkte entweder zurückgeschickt oder verschrottet werden ist der Lieferant verpflichtet, diese zu ersetzen und an das Unternehmen anzuliefern.

A.2 Lieferanten-OoB-Qualität

A.2.1 Allgemein

Die OoB Qualität wird beim Unternehmen .... getestet. Jede Lieferung muss beim Lieferanten vom Personal des Unternehmens .... oder durch autorisiertes Personal geprüft (source-inspected) werden. Die Prüfung wird nach dem beigefügten Sampling-Plan mit der Zero-Defect-Anforderung durchgeführt. Der Standardplan ist von MIL-STD 105 D Inspection Level III. Die notwendigen Messgeräte müssen beim Lieferanten zur Verfügung stehen.

A.2.2 Prüfungsprozedur

Um sicherzugehen, dass der Qualitätslevel eingehalten wird, muss folgende Prozedur eingehalten werden:

a) Prüfe die Muster (Sample Size n and the Acceptance number c festgelegt im Anhang 1)
b) Ist die Anzahl der fehlerbehafteten Muster im Plan, so akzeptiere das Los.
c) Ist die Anzahl der fehlerbehafteten Muster außerhalb des Planes, stoppe die Inspektion und weise das Los zurück.
d) Erstelle einen Source-Inspection-Bericht.

A.2.3. Ausselektion (Screening)

Wenn eine Ausselektion notwendig ist, dann ist dies vom Lieferanten und auf deren Kosten durchzuführen. Der Ausselektionszeitraum sollte zwei Werktage nicht überschreiten. Dieses Los sollte dann nochmals dem Inspektor zur Prüfung vorgelegt werden.

A.2.4 Verifizierende Inspektion (Verifying Inspection)

Diese Prüfung wird nach dem 100 %-Ausselektionstest durch den Source-Inspektor durchgeführt. Der Inspektor kann die Musteranzahl (Sample Size) reduzieren und die Verifizierung durch einen neuen (One Code Letter) durchführen. Die Entscheidung über diese Maßnahme liegt beim Source-Inspektor.

Beispiel:	Lot size: 2000	Code letter :L	n=200
		Code letter: K	n=125

A.2.5 Reduzierter Musterplan (Reduced Sampling Plan)

Den reduzierten Sampling Plan erhält man bei der Auswahl des nächst tieferen Code Letter und muss dann folgenden Richtlinien folgen:

- Ein Funktionstest wird vorbereitet und durchgeführt.
- 5 Lose wurden geprüft mit dem Standard Sampling Plan und keine Rückweisung erfolgt.
- Eine reduzierte Prüfung wird durch den Inspektor vorgezogen.

Wenn ein reduzierter Sampling Plan aktiv ist, sollte eine Normal-Inspektion nur dann vorgenommen werden, wenn sich folgende Punkte an der Original-Inspektion ereignen:

- ein Los ist zurückgewiesen oder
- die Produktion wird verzögert oder

andere Konditionen garantieren die Anwendung des Normal Sampling Planes.

B ***Burn-in und Zuverlässigkeitstest***

Die Produkt-/Modul-Spezifikation definiert die Fehlerrate oder die MTBF. Der Lieferant muss alle notwendigen Schritte einleiten damit entweder mit oder ohne Burn-in-Test die spezifizierte Zuverlässigkeit eingehalten werden kann. Um die festgelegte MTBF bzw. Fehlerrate demonstrieren zu können, muss der Lieferant einen Ongoing oder einen periodischen Zuverlässigkeitstest durchführen. Ein Produktionslos wird zurückgewiesen, wenn der Burn-in-Test einen negativen Trend aufweist und/oder der Zuverlässigkeitstest nicht den spezifizierten Wert sicherstellt.

C ***Änderungen im Fertigungsprozess***

Alle anstehenden Änderungen wie Prozess, Assembly, Burn-in-Test müssen vom Unternehmer .... geprüft und freigegeben werden.

D ***Änderungen vom Unternehmer ....***

Der Unternehmer .... hat den Lieferanten so schnell wie möglich über Spezifikationsänderungen zu informieren. Der Einsatzzeitpunkt der Änderungen hat in Kooperation mit dem Lieferanten zu erfolgen.

E ***Fehleranalyse***

Defekte Produkte/Module beim Unternehmen .... werden zum Lieferanten zur Fehleranalyse geschickt und der Lieferant hat den Ersatz zur Verfügung zu stellen. Der Lieferant hat mit folgenden Zeitfaktoren zu rechnen:

2 Tage	Produktionsstopp
2 Wochen	vorübergehende Antwort geht oder geht nicht (kein Produktionsstopp)
4 Wochen	detaillierte Analyse und Plan zur Behebung des Problems

F Lieferanten-Qualitätssystem

Der Lieferant hat ein System eingerichtet, das dem System ISO 9000 entspricht, oder er hat einen soliden Plan, der konform zu ISO 9000 ist.

G Lieferanten-Qualitäts-Audits

Das Unternehmen .... kann ein Lieferanten Qualitäts-Audit durchführen, um den Fertigungsprozess und das Qualitätssystem zu verifizieren. Das Audit wird zweimal im Jahr angesetzt und kann aber wenn notwendig sofort bei anstehenden Qualitätsproblemen angesetzt werden.

Anhang 1 Los Inspektionstabelle / *LOT Inspection Table*

Lot Size	Code Letter	Sample Size n	Accept c	Reject	AQL
1- 50		All	0	1	100 %
51-90	F	20	0	1	0.65
91-150	G	32	0	1	0.40
151-280	H	50	0	1	0.25
281-500	J	80	0	1	0.15
501-1200	K	125	0	1	0.1
1201-3200	L	200	0	1	0.065
3201-10000	M	315	0	1	0.040

Diese Tabelle basiert auf den MIL 105 D Standard, Single Sampling Plan, Normal Inspection, Level III

Anhang 2 Definition von Bedingungen (Definition of Terms)

Fehler
Ein Fehler ist beim Produkt/Modul, wenn ein oder mehrere Defekte vorhanden sind.

Fehlerdefinition

- Ein Defekt ist, wenn das Gerät gefährlich oder unsicher ist, wenn dieses repariert wird.
- Ein Defekt ist, wenn das Gerät nicht der Spezifikation entspricht.
- Abweichungen zur Spezifikation, die Qualität und Zuverlässigkeit beeinflussen.
- Ein Defekt, der RASUI beeinflusst.
- Fehler, der in einen Epidemic-Fehler mündet.

Epidemic-Fehler
Ein Epidemic-Fehler ist definiert, wenn dieselben erkannten Symptome in mehreren Systemen auftreten und die Rate größer als 5 % innerhalb einer 2- bis 3-Monats-Periode ist. Dies ist eine reine Definitionssache und kann vom Unternehmen auf bestimmte Produkte je nach Sachlage festgelegt werden.

Modul
Ein Modul ist ein Subsystem oder eine Baugruppe, das/die in ein Gesamtsystem integriert werden kann.

Produkt

Ein Produkt ist ein in sich funktionierendes System, das auch an ein anderes System angeschlossen werden kann.

➢ Checkliste – Release Statement for Mass Production

ITEMS	STATUS and RELEASE
Contracts	**signed yes/no/awaiting**
- Procurement Specification	
- Technical Attachments	
- Spare Parts List	
- Change Sheet	
- OEM Contract	
- Quality Agreement	
Test Reports	**available yes/no/awaiting**
- Temperature Test	
- Compatibility Test	
- Drop Test	
- EMC	
- Safety	
Certifications	**available yes/no/awaiting**
- TUV	
- UL	
- CE	
-	
-	
Software	**released yes/no/awaiting**
-	
Packing	**released yes/no/awaiting**
- Foam	
- PE bag	
- Labels	
-	

Accessories	**released/yes/no/awaiting**

- ....

Test Tools

- ....

Reliability Test with ..... units	**Test Start – Test completed**

- MTBF at 25 °C
- MTBF at 40 °C

C = 0
CL = 60 %

A Model **Result** ....units	**Time Schedule and Test**
B Model **Result** ....units	**Time Schedule and Test**
C Model (Pilot) **Result** ....units	**Time Schedule and Test**

Acceptance Test

....

Open Items

....

Pending Items

....

Restrictions

....

Release Date for Mass Production:

Signed by:

Checkliste für OEM-Projekte (Technologie und Lizenzabkommen)

Der Zweck dieser Unterlage ist, das Sourcing- und das Verkaufspersonal in den Verhandlungen über OEM/Technologie/Lizenzabkommen zu unterstützen, um ein hohes Qualitätsniveau für den Projektablauf realisieren zu können. Diese Checkliste ist auf langjährige Erfahrung aufgebaut und ist weltweit anwendbar. Es muss aber erwähnt werden, dass die OEM- und Technologie-Thematik ein fortschreitender Prozess ist und ein dauerndes Update und auch Input für alle involvierten Bereiche intern als auch extern erforderlich macht.

- **Was ist ein OEM-Projekt?**

Ein OEM-Projekt ist ein Produktverkauf an Kunden, die ein System anfordern, das technisch identisch mit dem eigenen freigegebenen oder zu entwickelnden Produkt ist. Kosmetische Korrekturen sind aber möglich.

- **Was ist ein Technologie Verkauf?**

Ein Technologieprojekt ist ein Verkauf von Hightech-Komponenten (z. B. LSI-Bausteine, Software) an Kunden, die diese in ihren Systemen integrieren bzw. einsetzen.

- **Was ist ein Lizenzabkommen?**

Ein Lizenzabkommen ist ein Verkauf von Vertriebs- und/oder Fertigungsrechten an Kunden, unabhängig ob die Produkte noch in der Entwicklung oder bereits freigegeben sind.

Prozessablauf

Der Prozess ist in fünf verschiedene Hauptphasen zu unterteilen und kann vom Verkaufs- und Sourcing-Personal mit bereichsrelevanten Anpassungen eingesetzt werden. Die Intention ist aber den Schwerpunkt auf Global Sourcing und weniger auf kundenbezogene Ablaufprozesse zu legen, damit diese Thematik fokussiert abgehandelt werden kann.

- Phase 0: **Konzeptauswertung**
- Phase 1: **Produktdefinition**
- Phase 2: **Implementierung, Entwicklung**
- Phase 3: **Produktvorstellung, Test und Auswertung**
- Phase 4: **Produktfreigabe zum Markt**

Phase 0: Konzeptauswertung

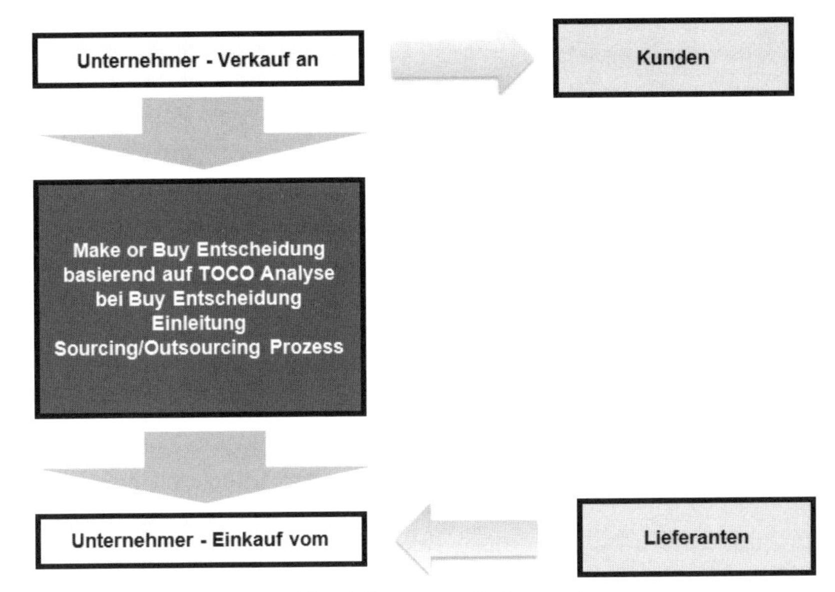

Abbildung: Entscheidungsablauf Process Outsourcing

Diese Phase ist rein kundenbezogen, um das Produkt oder die Produkte zu definieren, die später nach Vertragsabschluss entweder eigengefertigt oder durch Outsourcing bei selektierten Lieferanten oder Partnern, teilweise oder voll, bezogen werden.

Aufgaben	Marketing Vertrieb	Projekt Management	SLM Sourcing	R&D	Fertigung	QA	Geschäfts-leitung
Kundenkontakt	+						
Konzeptbeschreibung	+	+					*
Wettbewerbsanalyse	+	+	+	+			*
Erste Kunden-Präsentation	+						
Technologie-Einschätzung			+	+			
Vorläufiger Businessplan	+	+	*	*	*	*	
Definition der Produktstrategie	+	*	+	+			
Unterzeichnung einer NDA mit dem/den Kunden	+						
Review der Phase 0							+
Plan für Phase 1		+	*	*			

+ verantwortlich * unterstützend

Abbildung: Aufgaben und Zuständigkeitsmatrix

Der erste Kundenkontakt sollte Antworten zu folgenden Fragen ergeben:

- Name der Kontaktperson mit Telefon- und Fax-Nummer, E-Mail etc.
- Funktion dieser Person in der Kundenorganisation
- die Kunden-Organisationsstruktur
- die Kunden-Produktlinie
- erforderliche Produkte und Baugruppen für den Kunden
- Preisvorstellungen
- Zeitplanung
- Abnahmevolumen
- Wettbewerbssituation

Je mehr Informationen vom Kunden gewonnen werden können, umso besser kann die erste Präsentation ausgearbeitet werden. Außerdem sollten über eigene Kanäle Daten über den Kunden gesammelt werden wie:

- Umsatz, IBT(Income before Tax)
- Anzahl der Mitarbeiter
- etc.

Sobald der erste Kontakt (Sitzung) erfolgte und das Projekt für beide Parteien vielversprechend ist, sollte unverzüglich ein Projektmanager von der Geschäftsleitung nominiert werden.

Für die Ausarbeitung der Präsentation sollte das Top-Management mit eingebunden werden, um eine abgestimmte und optimale Präsentation zu erhalten. Zusammen mit der Präsentation ist ein NDA(**N**on **D**isclosure **A**greement) vorzubereiten, damit auch, wenn notwendig, interne technische Punkte angesprochen werden können. Auch ist eine detaillierte Frageliste auszuarbeiten, die dafür sorgt, alle notwendigen Informationen zu erhalten. Werden Produkte angeboten, so sind diese in einer vorläufigen Spezifikation technisch fundiert zu beschreiben.

Die Präsentation beim Kunden sollte dann folgende Topics beinhalten:

- Willkommensaustausch
- Unternehmensgeschichte und -strategie
- Entwicklungsprogramme und OEM-Strategie
- Qualitätsphilosophie (TQM)
- Angebot(e)

Vorschlag einer Sitzungsagenda siehe Formblatt Meeting Agenda

Nach dieser Präsentation ist bei einer intensiven Diskussion die Klärung und Übereinstimmung zu folgenden Punkten herbeizuführen:

Kostenstruktur

- Beschreibung des Produktes oder der Produkte
- Standard-Anforderungen

Kundenbezogene Anforderungen
- Zeitplan der Prototypen
- Zeitplan für die Massenfertigung
- Preisgestaltung
- Terms and Conditions
- Lieferung (Free on Board)
- Garantieleistungen
- Reparatur-Philosophie
- Zahlungsmodalitäten

Nächste Schritte

- Wann steht der Kostenvoranschlag zur Verfügung?
- NDA-Unterzeichnung durch beide Parteien (wenn notwendig)
- offene Punkte
- nächster Sitzungstermin

Alle gesammelten Daten werden intern in die notwendigen Dokumentationen übergeführt und vom Management sowie der Geschäftsleitung ausgewertet und bearbeitet. Dies ist auch die Basis für eine spätere Make-or-Buy-Entscheidung basierend auf einer TOCO-Analyse.

Phase 1: Produktdefinition

In dieser Phase wird das Produkt oder die Produkte vom Marketing/Vertrieb definiert und über das Projektmanagement von der Entwicklung spezifiziert und vom Sourcing bei Lieferanten/Partnern über RFQ‘s angefragt. Intern wird über die Fertigung parallel eine Kostenrechnung für dieses Produkt oder Produkte erstellt die dann als Basis für die Make or Buy Entscheidung herangezogen wird.

Aufgaben	Marketing Vertrieb	Projekt Management	SLM Sourcing	R&D	Fertigung	QA	Geschäfts-leitung
Festlegung des Teams							+
Produkt-Definition	+	*		*			
Spezifikationserstellung			+	+			
Lieferantenauswahl (RFQ)			+			*	
Make-or-Buy-Entscheidung		+	*	*	*		+
Entwicklung der Systemarchitektur				+			
Businessplan-Fertigstellung	*	+	*	*	*	*	
Erstellung Global Sourcing und Logistik-Plan			+				
Vorschlag Lieferant 1 und 2			+			*	
Review der Phase 1							+
Plan für Phase 2		+	*	*	*		

Abbildung: Aufgabenverteilung Phase 1

Der Bereich Marketing/Vertrieb ist zuständig für die Erstellung der Produktdefinition basierend auf Kundenbefragung und Wettbewerbsanalysen.

Inhalt siehe Beispiel Produkt Definition.

Eine Abstimmung zwischen Kunden und der Entwicklung ist unbedingt notwendig, um das geforderte Produkt mit der anwendbaren Technologie und mit allen geforderten Anwendungen realisieren zu können. Das Ergebnis fließt dann in eine technische Produktspezifikation, die alle Parameter detailliert definiert und beschreibt.

Inhalt siehe Beispiel Technical Product Specification, bei Fremdbezug Technical Procurement Specification.

Basierend auf dieser Spezifikation können folgende Aktionen gestartet werden:

- Erstellung einer vorläufigen Stückliste
- Auswertung der RFQ's(**R**equest **F**or **Q**uote)
- TOCO-Analyse
- Make-or-Buy-Entscheidungsfindung

Alle Abweichungen zur Produktspezifikation müssen intern als auch extern abgestimmt und bei Übereinstimmung in einem Änderungsformular in der Spezifikation gelistet und von den relevanten Parteien abgezeichnet werden.

Phase 2: Implementierung, Entwicklung

In dieser Phase werden A- und B-Modelle nach dem vorgegebenen Testplan getestet und Ergebnisse mit dem Lieferanten diskutiert und wenn notwendig Änderungen initiiert. Nach Fixierung dieser Punkte erfolgt dann eine Risikoeinschätzung des Designs mit der Bewertung 1, 2 oder 3. Der OEM-Vertrag wird nach Abstimmung mit dem Lieferanten unterzeichnet. Die notwendigen Materialien für die Werkzeuge werden freigegeben und können bestellt werden. Nach der Forecast-Festlegung kann auch der abgestimmte Risk Buy initiiert werden.

Aufgaben	Marketing Vertrieb	Project Management	SLM Sourcing	R&D	Fertigung	QA	Geschäftsleitung
Angebot an Kunden	+	*	*	*	*	*	*
Fertigstellung Spezifikation		+	+	+			
Vertragsabschluss mit Kunden	+						*
Bestellung vom Kunden	+						
Unterzeichnung NDA	+						
Erstellung Testplan		+	*	*		*	
Bestellung A Modelle			+				
Design/DFM Review		+	*	*	*	*	
Festlegung Lieferant 1 & 2			+				
Test nach Spezifikation			*	+		*	
Test beim Kunden		+					
Design Review mit Kunden	+	+	*	*		*	
Design Review mit Lieferant			+	+	*	+	
Erstellung Produktplan			+		+		
Erstellung Stückliste				+			
OEM-Vertrag mit Lieferant		*	+	*	*	*	*
Bestellung B-Modelle			+				
Initiierung Werkzeuge			+				
B-Modelle Tests nach Testplan - Qualitätstests - Zuverlässigkeitstest - Sicherheitstests - Umgebungseinflusstests				+		*	
Design Review mit Lieferant		*	+	*	*	*	*
Wettbewerbsanalyse Update	+						
Benchmark-Ergebnisse	+		*	*			
Erstellung Forecast			+				
Initiierung Risk Buy			+				
Erstellung Serviceplan		+		+		+	
Risikoeinschätzung Design		*	*	*		*	+
Review mit Kunden	+	*				*	*
Entwicklungsfreigabe		*	*	+		*	*

Abbildung: Aufgabenverteilung Phase 2

Phase 3 und 4: Produktvorstellung und Produktfreigabe

wie unter Thema: Produkt Realisierungs-/Ablauf und Entscheidungsprozess

➢ Bezugsquellen in Asien für Bauelemente / Baugruppen und Produkte

Internetadressen:

- manufacture.com.tw
- alibaba.com
- manufacturers.com.tw
- globalsources.com
- mfgtrade.com
- fmh.com.tw (medical devices)
- tmia-med.org.tw (medical devices)
- taiwantrade.com
- hongkongtrade.com
- tdctrade.com
- hkbiz.com
- hked.com
- gps-logistics.com
- timglobe.com.tw (IT)
- chinasources.com
- issihk.com
- business-china.com
- isuppli.com

➢ Kurzübersicht: Nationale und internationale Kontaktstellen

Auslandsdienststellen und Handelskammern der Bundesrepublik Deutschland sowie Auslandskonsulate in der Bundesrepublik Deutschland (Auszug)

- www.auswaertigesamt.de
- www.konsulate.de
- www.ahk.de
- www.bayern-international.de

Literaturverzeichnis

Altmann,J.: Außenwirtschaft für Unternehmen, Stuttgart 1993

Brednow/Seiffert, INCOTERMS 2000, Economica Verlag, Heidelberg 2000

Calabro, S.R.: Reliablity Principles and Practices, McGraw-Hill Book Company 1962

CIA - The World Fact Book, http://www.cia.gov/library/publications/the-world-factbook/, Internet 2008

Hartmann, H.: Modernes Einkaufsmanagement, Band 15, Deutscher Betriebswirte-Verlag GmbH, Gernsbach 2007

Hartmann/Orths/Pahl: Lieferantenbewertung aber wie?, Band 2, Deutscher Betriebswirte-Verlag GmbH, Gernsbach 1992/2008

Harvard Business Review – HBR (2005), Strategies that fit emerging markets, Issue 6, June 2005

IDW - Institut der deutschen Wirtschaft Köln, Pressemitteilung Nr. 32, Arbeitskosten, 9. August 2005

Ihde, Gösta B.: Transport, Verkehr, Logistik, 2. Völlig überarbeitete und erweiterte Auflage, München 1991

Katzenbach, John R.; Smith, Douglas K.: The Wisdom of Teams / Creating the High-Performance Organization, Harper Business 1993

Kompendium Umweltschutz; Gesetze, Verordnungen, Richtlinien; Maschinenbau-Verlag GmbH Frankfurt 1983

Krokowski, W. (Hrsg.): Globalisierung des Einkaufs, Springer Verlag 1998

Krokowski, W.: Beschaffungsmanagement - Einkauf früher und heute, Artikel aus Markt und Mittelstand 2/97, S. 54 ff.

Mather, Hal; Hall, Prentice: Competitive Manufacturing; Englewood Cliffs New Jersey 1987

Sachs, L.; Statistische Auswertungsmethoden; Springer Verlag Berlin 1972

Schneeweiss, W.: Zuverlässigkeits-Systemtheorie, Datakontext-Verlag Köln 1980

Straube, F.; Krokowski, W.; Beckmann, T.; Goh, M.: International Procurement in Emerging Markets - Discovering the drivers of sourcing success, Bremen 2007

Stichwortverzeichnis

Nachfolgend haben die Autoren einige wichtige Worte und Begriffe aufgelistet, die dem Leser die Suche zu bestimmten Themen und Schlagwörtern erleichtern soll. Das Verzeichnis erhebt nicht den Anspruch auf Vollständigkeit.